リッツ・カールトン
至高のホスピタリティ

高野　登

JN264864

角川新書

プロローグ――おもてなしは日本人の心の原点

私は現在、「人とホスピタリティ研究所」で、その名のとおり、人間とホスピタリティとの研究に勤《いそ》しんでいます。

ホスピタリティとはおもてなしのことをいうのですが、これを私は「相手の心に自分の心を寄り添わせて、相手の立場になって対話をする姿勢そのもの」だと考えています。そしてこの姿勢が、働き方や生き方の軸を作り、それら根源の力を生み出していくのではないかと感じています。

１９７４年からの35年間、ご縁あって私は、ホテルという舞台で仕事をさせていただきました。なかでも、リッツ・カールトンに勤務した最後の20年間は、自分自身の成長を実感できた時間だったように思います。

リッツ・カールトンがそれまでの職場と大きく違っていた点は、「仕事をすることの意味は何かということを、組織的に継続して考えさせる仕組みがあった」ということです。

仕事の意味とは何か、組織が存在する目的とは何か。とくに、リーダーとして仕事を進めていかなければならない立場に立ったときには、誰もがこうしたことを深く考えるようになります。

私自身、いまだに明快な答えを出せずにいるのですが、それでも、見えてきたことがあります。

人は誰でも、本当に人様のお役に立てたときは輝いているということです。

「お客様に喜んでいただけることが自分にとって生きる力になります」

リッツ・カールトンのスタッフは、誰もがこう口にしていました。

自分の存在が社会の役に立っている、人に喜んでいただいている、そう感じられたときに得られる誇りと喜びは計り知れないものがあります。相手も自分も、たちまちキラキラ輝く笑顔になります。

さらに大事なことは、世の中のお役に立てたと実感できたとき、じつはその本人が成長しているということです。

自分ができるせいいっぱいのことを考え、本当に必要としてくれている相手に仕える謙虚な姿勢を持つ。そのときに、心の形が整い、現実を受け入れて行動に移す力がわいてくる。それが心の成長につながっていくのだと思います。

では、成長した心の状態とはどのようなものなのでしょうか？　それは、「人の心に寄り添い、思いを感じる力」がつくことではないでしょうか。つまり、ホスピタリティそのものだと言えるのです。

日本人が日本人らしくある立ち位置を決めてくれた人がいます。誰だかおわかりでしょうか？

それは、日本の歴史の中で初めて、「もてなす」という言葉を公に示した人でもあります。そうですね。聖徳太子《しょうとくたいし》です。聖徳太子こそ、「和を以《もっ》て貴しとなす」という、日本人の精神性、心の立ち位置というものを最初に決め、示した人に違いないと、私は勝手に想像しています。

もちろん、その概念的なものは、古来ずっとあったことでしょう。しかし、「和」という、日本人が大事にし、貴ぶべきもの、そしてそれを「以てなす」ということ、その大きな意義を正式に公文書の中で示したのは、聖徳太子だけでしょう。

「もてなす」という言葉が安易に使われ過ぎているきらいのある昨今、「おもてなし」という言葉自体が、何だかサービス業の人たちの専売特許でもあるかのようなイメージになっています。しかし、あらためて考えてみると、「もてなす」とは、心を込めた行為であり、決してサービス業の人だけに関わる事柄ではないということが言えます。

たとえば、お医者さんなら、「最高の技術と最高の慈愛をもって、心や体を病んでいる人たちに心の平静や体の癒《いや》しをもたらすことをなす」ということ、これがお医者さんがすべき「以てなす」ことでしょう。

そういった思いで仕事をしていくと、毎日の生活の中で自分にできる「もてなす」とは何か？　自分にしかできない「もてなす」とは何か？　そもそも自分は何をもって、何をなすために生きたいのか？　といったことを、自発的にどんどん考えていくきっかけになるはずです。


人は死ぬときに走馬灯のようにいろいろなことを思い出しながら亡くなっていくと言います。なかでも人の役に立ったことだけを思い出すのだそうです。人ではなくても、雨の中で震えていた子猫を拾ってきて、その子猫をきれいに拭《ふ》いてあげてご飯を食べさせてあげたことなど、他の生き物の命に役立ったことを思い出すのだそうです。

じつはこれらは、アメリカ人のメンター（師匠）がよく口にした言葉にも重なり合うものがあります。

「毎日毎日の生活を支えるものは自分が得るものだ。働いてお金や物を得たりして、毎日の生活は自ら得るもので支えていく。しかし、長い人生を支えていくもの、作り上げていくものが何かというと、自分が人に対して、あるいは周りに対して与えたものである。自分がどれだけ人に貢献できたかということで、その人の人生の価値が決まる」

洋の東西を問わず、人間の本質というものは、人の役に立つことができたか、どんな価値を生み出すことができたか、というところにあるのではないかと思います。

世にサービスのハウツーを説く書籍はたくさんあります。それらを実践したのなら、サービスの達人として活躍していけるかもしれません。

しかし、本物のおもてなし、一流のおもてなしを身につけたいと願うのなら、それでは十分ではないのです。

リッツ・カールトンがなぜ高い評価を得ているのか、みなさんはおわかりでしょうか。建物や内装が高級だから？　もちろん、それだけではありません。

それは、スタッフ一人ひとりが、おもてなしとは何であるのかを日々考え、生き方・働き方をとおして、人として成長しようとし続けているからです。

サービスを磨く以前に、まず己を磨かなければなりません。

結果的にそれが、人と自分の幸せにもつながっていくのです。

この書籍は、そのための一助となるよう、私のこれまでの体験、見聞をもとに書きつづったものです。

誰もがダイヤモンドの原石のように、おもてなしやホスピタリティの感性を秘めているものです。そして、それを磨き上げ、光り輝かせることができるのも、自分次第だということを、どうぞ忘れないでいただきたいのです。

高野　登

目次

第2章　心の力を鍛える　45

第3章　働き方・生き方の軸を鍛える　79

第4章　思いを伝える力　109

第1章　本質を見極める

●ホスピタリティにひそむ「上から目線」

私の名刺には、すべて点字が打ってあります。そのため、名刺交換の際に、「あ、高野さんの名刺には点字が入っているんですね」と、声をかけていただくこともあります。

じつは、以前の名刺には、点字が入っていませんでした。

私には、目の不自由な友人が何人かいます。かつて、そのうちの一人との出会いで、まさに目の覚める一撃ともいうべき衝撃を受けたのです。

初対面で名刺交換をさせてもらったとき、彼は、ニッコリ笑いながら私の名刺を受けとり、それを名刺入れの中に入れました。そして、丁寧に胸ポケットの中におさめたのです。ところが、すぐに彼は、胸ポケットから再びその名刺入れを取り出して、こう言いました。

「もう二度と僕は、高野さんの名刺を見つけられないよ」

愕然《がくぜん》としました。瞬間、彼にすべてを見透かされたからです。

偉そうにホスピタリティを語っている人間が、そのじつ、何もわかってはいなかったということ……。あれこれ言葉でしゃべってはいても、それが行動になって伴っていなかったら、これはやはり偽物と言わざるを得ません。

ホスピタリティを発揮するうんぬんということを散々言っているにもかかわらず、実際には、目の前の相手の立場に立って考えていなかったということに、ここではじめて気が付いたのです。それまでの自分の態度というものを大いに考えさせられ、すぐに名刺のデザインも一新したというわけです。

当時、私はリッツ・カールトンで働いていたのですが、彼との出会いを機に、これまでの働き方を根底から考え直していきました。

それまで疑うことなく、当然のように唱えていた、「人のために」「お客様のために」という言葉を全部なくしたのです。そして、「人の立場に立って」「お客様の立場に立って」という言葉に総入れ替えしたのです。

すると、これまでとはまったく違った景色が目の前に広がってきました。

「誰々のために」という発想そのものが、じつはものすごく上から目線だということに気付かされたのです。

そのような意識は毛頭ないはずですが、あるないにかかわらず、「誰々のために」と言い続けているときには、上から目線を消すことができなかったわけです。

それが、「相手の立場に立って」と、言葉を入れ替えた瞬間、スッと上から目線が消えていくのです。つまり、本当に相手のためを思ったのなら、相手の立場に立つしかないということなのです。

たとえば、講演会やセミナーで、講師のために、演台にペットボトルのお水とコップを用意するところまでは誰でも思いつくでしょう。

しかし、ここからもう一歩、相手の立場に立って考えてみると、たとえば私なら、ペットボトルのフタを開けて、なおかつ、一杯はついでおいてもらえたら嬉《うれ》しいと思うわけですね。

なかには、「絶対に自分でフタを開けなければいやだ」という方もいらっしゃるでしょう。私の友人にも、そういう人がいます。ですから、「自分で開けるからいいよ」と言われることもあるかもしれません。

要は、こういうことを、特段気にかけずにいる人がとても多いということです。

つまり、相手のためにペットボトルの準備はできても、それをどう提供するか、相手の立場に立って考えてはいないということです。同じようなことが、じつは日常のいろいろな場面で起きているものです。

では、「相手の立場に立って考える」にはどうしたらいいのかということになるのですが、それには、「自分のものさしを捨てる」ということが必要です。相手のものさしで見るという覚悟を決めることが、とても大事なポイントになります。

●「阪神がボロ負けした理由を教えてよ」

あなたが今、リッツ・カールトンのコンシェルジュデスクで働いているとします。

部屋でテレビを観ていたお客様が、階下に降りてきて、あなたのところへやってきました。お客様は、大の阪神《はんしん》ファン。本当は球場に行って観戦したかったのですが、その時間がとれないということで、テレビを観て応援していたのです。

ところが、この日は阪神がボロ負けしてしまいました。

コンシェルジュデスクにやってきたお客様は、開口一番こう言いました。

「あのさ、今テレビで阪神―巨人戦観てたんだけど、阪神ボロ負けしたんだよね。どうしてか教えてよ」

さて、コンシェルジュのあなたならどうしますか？　どういう対応をとりますか？

「さあ……私にはちょっと……」と、一笑に付す人が多いのではないでしょうか。

その人にとっては、それがあたりまえだと思っているからそうするわけです。つまり、自分のものさしで、物事を見ているということに他なりません。

お客様のものさしで見ているとしたら、「あ、そうでしたか！　承知しました、すぐにお調べいたしましょうね！」という言葉がすぐに出てくるでしょう。

そして、たとえば阪神の広報部にすぐに電話を入れて、「じつは、うちにお泊まりのお客様がテレビをご覧になっていたところ、阪神がとても（さすがにボロ負けとは言えませんから）大量に点数をとられたということで、疑問に思われたようでして……これには何か理由はあるのでしょうか？　さしつかえのない範囲で教えてもらえませんか？」と、電話することもできるのです。

広報部のほうで、「今日先発予定だった○○選手の家でご不幸がありまして、いつも元気な彼がものすごく打ちひしがれていて、結構ナインも影響されたようで……それでどこか歯車がかみ合わなかったのではないかと、我々としては分析しています」などと、さしつかえない程度に教えてくれるかもしれません。

そうすれば、「広報の方はこうおっしゃっています。それ以上のテクニカルな問題は私どもではわかりませんからどういたしましょうか？　お客様ご自身で広報の方からもっと詳しくお話をお聞きになりますか」と、目の前のお客様に伝えることもできるのです。

サービスの基準、つまりは、仕事をしていくうえでの基準がどこにあるのか？　どこまでのレベルなのか？　それはやはり、自分のものさしに頼ることではなく、相手のものさしで計測することで変わってきますし、同時に、どこまでもその幅は広げることができるものなのです。

●「あのジェット機が欲しいんだけど」

前項をふまえたうえで、もう一つ質問です。

今度は、「ジェット機が欲しい」というお客様への対応です。じつは、前項もこれも、私が在職中にリッツ・カールトンで本当にあった事例です。

窓の外を見ていたお客様の目の前を、飛行機が飛んでいきました。何を思ったのかその方は、大空に吸い込まれていく飛行機を見ているうちに「あれが欲しい！」と、強く感じてしまったのです。

この方はお金持ちですから購入資金はあるのですが、飛行機そのものには詳しくなかったため、あなたのところへやってきました。

「僕、〇〇号室に泊まっている〇〇だけど、僕の部屋からちょうどね、すっごいきれいな飛行機が見えたんだよね、あれジャンボかな？　あれ買いたいんだけど、何とかしてよ」

さて、あなたならどう答えますか？

「承知いたしました！　お手伝いいたしましょう」

リッツ・カールトンのコンシェルジュなら即座にそう答えます。

そして、すぐに空港に電話を入れ、「リッツ・カールトンで働いている〇〇です。お客様がこうおっしゃっていますが、こういうときにはどこのセクションに聞いたら、その時間帯に飛んでいた飛行機がわかりますか？」と聞きます。

すると、ホテルのロケーションと時間帯から、「飛んでいたのは、○○航空の○○行き○○便です。機種はボーイング７４７です」というふうに教えてもらえます。

そこで今度は、ボーイング社に電話を入れます。

「リッツ・カールトンで働いている○○です。じつは、リッツ・カールトンにお泊まりのお客様が、御社の７４７機を個人でお買い上げになりたいとおっしゃっていますが、私はどのようなお手伝いをさせていただいたらよいのでしょうか？」と聞くわけです。

ちなみに、このときの回答は、「個人で買えないことはございません。ただし、いろいろと規制がございます。ライセンスも必要になります、駐機場も必要になります。そのほかにも、そこに運ぶ手段も考えていただかなければならないんですよ」というものでした。

「もし、お客様がさらにお話を聞きたいとおっしゃった場合には、そちらにお電話をさせていただいてよろしいでしょうか？」と確認したうえで、それをお客様にそのままお伝えしました。そして、「もうすこし詳しいことは、直接お話しされたほうがいいと思いますが、今おつなぎいたしましょうか？」とお聞きして、お客様と電話を替わったのでした。

最初は意気揚々とお話をされていたお客様。次第にトーンが変わっていきました。やがて受話器を置くと、「どうもダメらしい、やっぱり個人じゃムリらしい、じゃあプラモにするか」と一言。納得した様子で、部屋に戻って行かれたのでした。

冗談でもなんでもなく、こういった方が実際にいらっしゃるわけです。それを冗談と受けとるか、要望と受けとるかは、自分の中の判断基準が相当しっかりしていないと、間違ってしまうわけです。

ここで、「ご冗談ですよね、お客様」などと言って（あるいは思って）しまっては、何も始まらないのです。

ホスピタリティというものを言葉で語るのは簡単です。しかし、そのときの第一条件には、先にも述べましたが、「自分のものさしを捨てる」ことが必要になります。そのものさしを捨てる覚悟を決めなければ、お客様の立場には立つことができないからです。

しかし、毎日の生活の中で、自分でそうした基準を考える機会というのは、意外と少ないものです。少ないというより、ほとんどないと言ったほうがいいでしょう。

何か物事を見たときに、「誰の目線で見ているんだろう？」「誰のものさしでそのことに感動しているんだろう？」と考えてみることはとても大切です。

そのためには、これまでに自分のものさしで計測した価値基準といったものを、一度、心や頭の引き出しの中に、全部しまい込んでみてください。そのうえで、いろんな視点から眺め、考えていく時間を意識して作ってみましょう。

●コミュニケーションの必要性

スイートルームに宿泊されていたあるお客様のエピソードです。

そのお客様が、「大事なお客様にステーキをごちそうしなければならない」ということで、コンシェルジュのところにやってきました。

「関西でいちばんうまくていちばん高いところを4人前予約してくれ」

お客様のそのご要望に応《こた》えるべく、コンシェルジュは、神戸にある美味《おい》しいと評判のステーキレストランを予約しました。

「ちょっと高めだけど大丈夫かな？」と思いながら、予約の電話を入れたのです。

「4名様で、レストランにご予約させていただきました」

「美味《うま》いんだろうね」

「はい、美味しいと評判です」

「高いんだろうね」

「高いです」

それを聞いて、お客様は満足気に出かけていかれました。

それから数時間後。お客様が帰ってきた際、先程のコンシェルジュがまだ勤務していました。ニコニコしながら彼は、お客様が入ってくるのをお迎えしました。

ところが、お客様の形相は、一見して、憤慨していることがわかるものでした。

「君ね！　君は僕に恥をかかせたんだ。わかっているのか」

お客様の第一声はこれでした。

「僕は大恥かいたよ！」

「美味しくなかったのですか？」

「いや、そりゃ美味しかったけど、安すぎる！　4人いて60万円もかからないって、僕はきっと彼らに笑われているに違いない」

ということだったのです。

そこで、お客様からよくお話を伺ってみたところ、その日のゲストは中華を食べたくなったらプライベートジェットで香港へ飛んで行ったり、キムチの美味しいのが食べたいとなったら済州《チェジュ》に飛んで行ったりするような人たちだったということがわかったのです。

そういう人たちが、たまたま関西に来られていたのです。ステーキを食べたいと言われ、アレンジする立場にいたこのお客様は、一番美味しくて一番高いところを探していたわけです。

つまり、お客様の基準とコンシェルジュの基準に大きな差があったということです。リッツ・カールトンのスタッフですから自分のものさしを消す感性は十分にあったはずです。では、この場面で足りなかったものは何か？

それは、相手のことを知ろうとするコミュニケーションです。

自分のものさしを消すということがいかに難しいかがこのことでわかります。４人で60万円のディナー……ということは、一人で15万円。私の給料の……などと、一瞬でも自分のものさしが入ってしまうと、とたんに計測は狂っていきます。

あくまでも、お客様の立場、お客様の感性で測らなければならないのです。そのためには、コミュニケーションによってそれを把握することが欠かせないのです。

ここでは、わかりやすく値段の話をしましたが、金額の高低にかかわらず、日常のあらゆる場面で、こうしたことは起きてしまいます。

自分の中で「このようにしてあげたらいいに違いない」と思ってやっていることが、意外にも当たっていないことが多々あるということです。

●何があっても「自分はＯＫ！」

自分のものさしを消す感性をもたないと、お客様や相手の立場には立てないわけですが、では、「何を言われてもやるか？」といったら、そんなことはありません。

コンプライアンスに違反するもの、法律に反するもの、あきらかに正しくないこと、そういったことに対しては、毅然《きぜん》として立ち向かうことも必要です。相手に対してはっきりと向き合わなければなりません。これは当然のことです。

セクハラ、パワハラ、こういったものは、ホテルの中ではしょっちゅう起きます。ですから、自分たちの中できちんと基準を決めておかなければなりません。

先のジェット機の話ではないですが、そんな人はいるはずがない、そんなことは絶対にあり得ないと思っているから、対応の仕方もわからなくなるのです。

では、そういうときにどうするか？

これには、とてもよい方法があります。リッツ・カールトンのホテルマンもやっているのですが、まずは丹田（へそより少し下のあたりにあり、ここに力を入れるとパワーが得られるといわれている部位）にグッと力を入れます。

そして、ニッコリ笑って「自分は、すべてＯＫ」と言います。

それがクレームであろうがリクエストであろうが、自分の中にはすべてを受け入れる力がある、何があっても「ＯＫ！」という力を、一瞬で入れるわけです。

毎回毎回、自分の丹田にグッと力を入れて、可能な限り自分の中のものさしを消して「自分は何があっても大丈夫」「何でも受け入れる力がある」と言い聞かせてからお客様の前に出るのです。逆に何もせず「何がくるんだろう」と、常に不安を抱えながら行動していると、お客様に向き合うことも、寄り添うこともできません。


さて、ここまでのところですでにサービスやホスピタリティというものが、「これまで考えていたものとは少し違うメカニズムで働いていくものらしい」ということを、イメージしていただけたのではないかと思います。

そのイメージが、自分の中で確固としたものになったなら、毎日の生活はより快いものになることでしょう。間違いなく、人との出会いも楽しくなっていきます。

人が幸せを感じることも、悲しくなるのも、心が癒《いや》されるのも、つらくなるのも、結局そのほとんどは、対人関係、人とのご縁、コミュニケーションによってもたらされるものだと言えます。だからこそ、自分のものさしでは計測不能な、考えが及びもしないような問題に直面したときには、ひるんだりしないで、「こういうものさしもあるのか」と、相手の立場に立って考え、学んだほうが得策というものです。

そして、そのときに自分に活力を与えてくれる心強い自律システムこそが、丹田に力を込めてニッコリ笑い「何があっても自分はＯＫ！」と唱えるという所作なのです。

●共通言語があれば仕事にブレが生じない

私は、地元長野にある善光寺《ぜんこうじ》で2か月に一度、寺子屋百年塾という塾を開講しています。先に述べたような、自分のものさしを引き出しにしまい、物事の本質を見つめ直すといったことを主旨にしたものです。このときのご縁により、各方面からお声がけをいただき、東京にある増上寺《ぞうじょうじ》でも開講することになりました。

善光寺にしても増上寺にしても、そこは、いにしえよりお坊さんたちが集い、自分たちの感性を整え直していたという修行の場、鍛練の場なのです。

企業や組織に規範や目標があり、それをもとに、みんなで進んでいくように、宗教の世界にも教義・経典というものがあります。ただ、いくらルールがあり目的が定められていたとしても、時間の経過など、いろいろな事由によって、だんだんそれが原点から外れていってしまうということが起きてきます。

宗教の世界も同様で、同じ教義で同じ経典からみんな同じように学んでいっても、感覚が少しずつズレていく可能性があります。それを整え直す場というのが、善光寺であったり増上寺であったりするわけです。

この、感覚を整え直すということを「共通言語化させていく」という表現をします。英語ではコモンランゲージと言いますが、この部分が働いている仲間うちでそろっていると、仕事にブレが生じません。そこから重力が生じてくるからです。

東京にリッツ・カールトンが開業した際、スタッフに仕事を教えるために、世界中から80人もの人たちがやって来ました。アメリカ、ヨーロッパ、ドバイなど、一番遠くから来たのはチリの人でした。他に、シンガポールなど東南アジアからもたくさん来ました。そして開業準備を終えると、何事もなかったかのように、翌日にはみんな帰っていきました。

なぜこれほどスムーズに展開できたのでしょう？

スタッフがみんな語学堪能だったからでしょうか。そんなことはありません。フロントやレストランのスタッフ以外、英語が話せないという人がほとんどです。

では、このスムーズな展開を可能にしたものは何か？　それは、英語でも日本語でもありません。リッツ・カールトンの「感性の共通言語」です。

リッツ・カールトンには、そこで働く人たちの共通言語があるのです。英語で話しても、中国語で話しても、日本語で話しても、中近東の言葉で話しても、お互いにコミュニケーションがとれるのです。

クオリティとは何か？　ホスピタリティとは何か？　英語であろうと、中国語であろうと、日本語であろうと、「クオリティはこうだよね」「ホスピタリティはこうだよね」と、リッツ・カールトンの仲間なら誰もが共有している感性の共通言語があるのです。

この共通言語があるから、表現する言葉は違っていても、みんなで一緒に仕事ができるわけです。

もともと日本人というのは、このような共通言語を解し、それこそ「あうんの呼吸」で協力し合っていたものでした。

たとえばお米を作るという仕事においては、これなしには成り立ってはいかなかったからです。単独行動で好き勝手にやっていては、村の生活は成り立ちません。そうはならないように、みんなが同じ方向を向き、一致団結してがんばっていたのです。

洋の東西を問わず、どのような企業・組織においても、共通言語を持つことは不可欠です。ブレることなく、スムーズに仕事を進めていくことが求められるからです。

●リッツ・カールトンの夢

リッツ・カールトンのスタッフは「エンパワーメント」されて仕事に取り組んでいます。つまり、個人の判断で使える２０００ドル（約20万円）の決裁権を持たされているのです。このルールは世界のリッツ・カールトンで共通です。これもまた、共通言語化されていることの一つのあらわれなのです。

ところが、多くの人にとっては、このエンパワーメントが、とても不可解なシステムに思えるようです。

以前、財務に詳しいある大学の先生と話をしていたら、「スタッフ総勢４９０人として、１日に２０００ドルの決裁権を持って全員が仕事するということは、リッツ・カールトンはものすごく資金に余裕があるのですね？」と、質問を投げかけられたことがありました。「それをもしも、10日間やったら９８０万ドルですよね。リッツ・カールトンは、そのための準備資金がどれくらいあるんですか？」と、やはり専門家として、数字の世界から入ってきます。

この問いかけのほうがむしろ、私には新鮮な感じがしました。同時に、「おそらく、データを基準に物事を判断する人は、世の中には多いのだな」と改めて気付かされたのです。共通言語を持たない人たちに断片的な情報を伝えると、「エンパワーメントって2000ドルですね」「一人毎日2000ドル使えるんですね」という、うわべの情報だけがどんどんひとり歩きしていってしまうのです。

490人のスタッフ全員が、毎日2000ドルの決裁権を持って仕事をしたらどうなるのか？ 現実的にはどのくらい使われているのか？ おそらく、多くの人には見当がつかないのではないでしょうか。

正解は数十万円です。これは1年間に全スタッフが使うトータルの金額です。2000ドルの決裁権を持たされていても、年間にエンパワーメントで使われる金額は、わずか数十万円なのです。

では、このエンパワーメントとは何なのか？ それを知るには、原点にまでさかのぼっていかなければなりません。つまり、リッツ・カールトンで働くとはどういうことなのか？ そこからスタートするのです。

「夢、ビジョンを実現する」。それがリッツ・カールトンの仕事の目的です。リッツ・カールトンは壮大な夢を持っています。世界一を目指しているのです。だからリッツ・カールトンが大阪にできたときには、みんなでまず日本一のホテルになると決めました。

既存のホテルには、もっと規模の大きなところもたくさんありましたから、宴会場の多さやレストランの多さではかないません。そこで、クオリティ、つまりホスピタリティで日本一になるという目標を立てました。

どういう会社、組織を作るのかということと、自分がどういう生活をするのかということとは、おもしろいように全部つながってくるものです。つまり、リッツ・カールトンの強みは、スタッフが同じ目標を持って仕事をしているところにあるのです。

●「一人2000ドルの決裁権」の真意

「世界一になる」というビジョンは壮大です。

「世界一を常にイメージして、それに一歩ずつ近づいているホテル」という、この夢の中に巻き込まれていくことの楽しさは、誰にもおわかりいただけると思います。リッツ・カールトンでは仕事をしていくことの意味をそこに見出《みいだ》しているのです。

この夢を実現するときに、最も価値あること、最も重要なことは、そこで働いている社員一人ひとりの成長です。成長することで、この夢の実現に巻き込まれる力がついてくるからです。

トップが「世界一になる」という夢をかかげ、その夢に自分が「巻き込んでもらっている」という意識だけでは、成長はありません。

成長というのは、トルネードの中で、グルグル回らされている立場から、自ら一緒になってトルネードを巻き起こす立場になっていくことです。この立場にならないと、夢の中に巻き込まれていることにはなりません。

夢に振り回されるのではなく、夢の中に巻き込まれていくためには、価値や楽しさといったものを、自分も一緒になって感じること。ここがスタート地点、つまり、原点です。

そのため、リッツ・カールトンの創業者であるホルスト・シュルツィ氏は、ことさらオリエンテーションを大事にしていました。それは、自分たちのビジョン、価値観、つまり、夢を共有する時間だからです。

しかし、時として、ビジョンの実現を阻む事態が起こります。

最大の障害は、目の前にいるお客様の思いに応えようと思っても、選択肢がない、あるいは非常に限られているという状況です。

「これができたらお客様の思いに応えることができたのに」「自分に権限があったら、それができたかもしれないのに」等々、限界を感じることがあるかもしれません。お客様に対して、もっと良いサービスができたはずなのに、そこにブレーキになっているものがあるのなら、それを外して、代わりにアクセルを入れてあげればいいわけです。そのアクセルになるものが、エンパワーメントなのです。

お客様にもっと喜んでいただきたい、しかし、そのためには金銭的な負担が生じることもあります。

アメリカの西海岸から東海岸まで、飛行機の当日券を買うと、80年代当時で、だいたい2000ドルでした。もし、2000ドルの決裁権が渡されていたとしたら、しかも自分がその持ち場を離れてもいいという権限が与えられていたとしたら、大事なお客様が、重要書類をホテルに忘れた場合、それをすぐに届けに行くことさえ可能になるわけです。

世界一クオリティの高いサービスが提供できる、つまり、自分たちの夢を実現することができるわけです。エンパワーメントというのは、そのための投資なのです。決して費用ではないのです。

エンパワーメントというのは、あくまでも「夢の実現のためのアクセル」なのです。世界一を目指していく中で、「これをやってあげたい」と思ったときに、そこで発生する費用がブレーキにならないよう2000ドルの範囲で決裁権が渡されるのです。

おもしろいもので、現場で「君には2000ドルの決裁権がある。のびのび働きなさい」と言われたら、誰もが丹田に力が入り、背筋がビシッと伸びるのです。

これが、20ドルだったのなら、「はいわかりました」と、軽く即答でしょう。200ドルでも「そうですか、わかりました」と、平静でいられるのではないでしょうか。しかし、2000ドルと言われた瞬間、「信頼に応えなくては！」と、下っ腹にグッと力が入るのです。

「ここまで信頼されている職場で仕事ができる。ありがたい」という思いが、自分の中のスイッチをONにするのです。同時に、「これは迂闊《うかつ》には使えないぞ」というスイッチも入ります。「よし、バンバン使おう！」という思いがわいてこない。逆に使えなくなるものなのです。最後の手段として使わなくてはならないときに、初めて考えて使うことになるのです。

●チームワークの底力

エンパワーメントを使わなくても、実際には、知恵とチームワークで大概のことは解決できるということに気が付いていきます。

たとえば、こんなイメージです。あなたが女性だとします。恋人とリッツ・カールトンのレストランで食事をしながらプロポーズされたら、「イエス」と答える確率は高くなることでしょう。

リッツ・カールトンのスタッフは、そういったときは特別なステージを用意してお迎えします。もちろん、これは他のホテルやレストランにもあるサービスだと思います。

しかしリッツ・カールトンは、より高度なおもてなしを提供するために、最強のチームワークを発揮します。

カップルが食事をしているテーブルの脇には、美しく輝くアイスカービング（氷細工）が置かれています。

食事が進んでいって、メインコースが終わると、だんだん氷も融《と》けていきます。

そして食後にコーヒーとケーキで、「おいしかったね」という会話をしているときに、氷細工の中からカランと何かが銀盆の上に！

彼氏が拾いあげたそれは、紛れもなく婚約指輪。

「僕と結婚してくれませんか」と言って彼はあなたの目の前にさし出したのでした。

ここで「ＮＯ」と言う勇気を持っていたら大したものです（笑）。

絶妙なタイミングで花束を届ける、といったことは、おそらくどこでも実行できるでしょう。しかし、ここまで実行するとなると、面倒くささが先にきて、それこそ夢物語で終わってしまうのではないでしょうか。

じつは、大阪のリッツ・カールトンでは似たような状況が何度もありました。そして、挙式はもちろんリッツ・カールトンです。

それにしても、この作戦遂行はかなり大変なことなのです。ホテル関係の方ならおわかりいただけると思いますが、氷細工の中にリングを入れて、その部屋の温度調整からお客様が食べるスピードから、全部を上手にコントロールしていかなければならないわけです。

このプロポーズ大作戦を成功させるために、メニュー考案から入り、食事のスピード予測、室温設定の管理等々、どのように進めていくかをみんなで考えました。

シェフは、当日に用意する氷細工と同じものを作り、そこにリングを仕込んで、氷の融ける時間を計っていました。

当日の現場では、「氷はまだこのくらいしか融けていない」などと連絡をとり合い、調理を早めたり遅くしたり、最終的には、お客様の様子をみながら、コーヒーを出すタイミングをズラしたりしました。

「あともう2分半、時間をかせげ！」といった指令を受け、ウエイターがお客様となごやかに会話を交わしたりしていたわけです。

笑い話のようですが、サービスの現場は真剣勝負です。あうんの呼吸で動けるような強いチームワークが必要だし、そのうえ、事前に何度も作って試す手間もあります。考えてみれば、相当面倒なことです。

しかし、このときにリッツ・カールトンのスタッフがしていること、それは「遊び」なのです。いい意味で「遊び心」を持って仕事に取り組んでいるわけです。

「遊び心」とは、「奥ゆかしいゆとり、余裕」のことです。

こうして、みんなで一緒にワクワクドキドキしながら、じつは、リッツ・カールトンのスタッフが一番遊んでいるわけです。

●「信頼」こそ最大の強み

世界中に3万8000人(当時)もの社員がいれば、なかには、ちょっと怪しいエンパワーメントの使い方をする人もいるかもしれない、一人くらいはいるだろう、などと考えてしまうのは当然でしょう。もしかしたら、実際にいるかもしれません。

しかし、それでもいいのだと、創業者であるシュルツィ氏は腹を決めたわけです。なみたいていの覚悟ではありません。

大多数のトップは、理想は理想として、現実的には「そんなことをやったら、うちの会社はつぶれます」と言ってしまうところでしょう。

心のどこかで社員に対して疑いを消しきれていないからです。だから腹を決められない、コミットしきれない、コミットする勇気がない、ということだと思うのです。

これは、逆に言うと、自分のリーダーとしての力を信じていないということになるのではないでしょうか。

人というのは、「本気になってこの人は自分たちのことを信用している、信頼しきっている」という思いが伝わってきたときには、その相手を裏切ることなどできません。「この人のためだったら」という強い思いで必死に働こうとするものです。

ちょうど武士道の精神と重なります。武士は「自分を知るもののために死す」といいますが、本当に自分たちのことを信頼して任せてくれる人のことは裏切れないものなのです。

そうした大きな信頼の中で仕事をさせてもらっていると、感謝はもちろん、エンパワーメントの真の意味もわかってきます。

多くの企業がエンパワーメントを取り入れようとしてもなかなかうまくいかない理由は、ここにあるのではと思うのです。

つまり、リッツ・カールトンにおいてエンパワーメントは、信頼のバロメーターでもあるということなのです。

第2章　心の力を鍛える

●感性の筋肉

発見する。内観する。本質を見る。洞察する。俯瞰《ふかん》する。想像する。痛みに耐える。先見してみる。他にもたくさんありますが、これらは全部「力」だと言えます。さながら、感性の筋肉です。

ただ、実際には、心の働きとして捉《とら》えてはいても、力という概念で捉えている人は案外と少ないようです。

しかし、これら一つひとつを心の力として捉えたなら、筋肉と同様に、鍛えて強くすることができます。

それには、第一に、丁寧に物事をみていくことが出発点になります。

あらためて、「今日一日、何を発見したのか？」「何に気が付いたのか？」と、問いかけてみたとき、おそらく誰もが、そのように振り返ってみる時間が少なかったと気付くのではないでしょうか。それは、心の筋トレを意識しないままにその日一日を過ごしてしまっていたということだと思うのです。

たとえ1分でも2分でもいいのです。「今日一日、何を発見したのか？」「何に気が付いたのか？」ということを、振り返ってみる時間を持つ習慣を身につける。日常の中にある

なにげないことにも意識をもっていって、思わぬ発見にワクワクする、それが大事なのです。

たとえば、セブン‐イレブンといえば誰もが知るコンビニです。子どもからお年寄りまで、知らない人は少ないと思います。しかし、そのロゴマークを正確に記憶している人となると、意外にも少なかったりします。

セブン‐イレブンのロゴを見て、「あれ、間違っているぞ」と、思ったことはありませんか？

「とくに疑問に思ったことはない」という方は、今度ぜひ注意してながめてみてください。イレブンのローマ字表記が、最後のエヌだけなぜか小文字で「ＥＬＥＶＥｎ」になっていることに気が付くはずです。

一見誤表記なのですが、このことについては、「数字とそのアルファベットだけの商標登録はできないことから、あえて正しくない書き方（最後だけ小文字）にした」ということのようです。ここで大切なのは、日常にある、ともすれば見過ごしてしまいがちな物事にいかに気付けるかということです。

実際、セブン-イレブンのパターンを知ってしまうと、他の会社のロゴだとか、いろいろなデザインといったものを意識して観察するようになります。すると、「おや！」「見つけた！」という新たな発見に出会ったりもします。もう「ＳＵnＴＯＲＹ」の〝n〟にも気が付きましたね。

感性の筋肉というものは、こんなふうに、何気ない日常の中で、気付きをとおし、「あ、これおもしろいね！」「楽しいよね」と、小さな喜びを感じることから身につけていくものだと思うのです。

「そんなことに気が付いて何の意味があるの？　給料が上がるわけでもないのに」と言う人もいるかもしれません。たしかにそのとおりだと思います。しかし、感性は豊かになっていきます。それは間違いありません。あなたの心の中にある、発見、俯瞰、想像、観察といった力は、今よりも確実に伸びていくことでしょう。

●気付きを出力すると感性がアップする

前項で、初めてセブン-イレブンのロゴの事実を知ったという人は、間違いなく外出をした際、セブン-イレブンを探すことになります（笑）。

自分の目で、「わ、本当だ！」と事実を確かめたら、今度はきっと、人に話したくなるはずです。

ここが最大のポイントなのです。

誰か他の人にこの話を教えたときに、自分の中の感性の目盛がいっきに上がるのです。事実を知ったときよりも人に話したときにアップするのです。

まずは本当かどうかを確かめて、次に「ねえ、知ってる？」「おもしろいことに気付いたよ」と、人に話すことがとても大事なのです。何だか子どもじみてもいるようですが、要は、自分の中の「感性の筋肉を使ってアウトプットする」というのが重要なのです。

東京・丸の内にあるビルのエレベーターに乗ったときのことです。

たまたま入り口近くに立っていたからなのでしょうが、エレベーターガールさながらに、ずっと同じ女性が、開閉ボタンを押してくれていました。

しかし、その人の存在に気付いた素振りを見せる人は、ほとんどいませんでした。降りる際に、その人に目を合わせてちょっと会釈をするとか、「あ、すいません」「どうもありがとう」と声をかける人がいなかったのです。

おそらくこういった現象は、このビルのエレベーター内に限ったことではなく、何百人何千人と働いている多くのオフィスビルの中で、毎日起きているのではないかと思うのです。誰かが自分のためにボタンを押してくれているということを意識していない人たちが圧倒的に多いということです。

自分のためにエレベーターのボタンを押してくれている人がいる。そのことに気付いたならば、自分の感謝の思いを伝えるのが大人のマナーというものです。

「ボタンを押すたびに〝ありがとう〟と声をかけるのって、どうだろう」などと、ためらいを感じるのであれば、その人のほうを向いて、会釈だけでもする努力をしてみてはいかがでしょう。

そんなささやかな行為が感性の筋トレになるものなのです。

●何を大事にしていくのかを考える

自分らしさということにもつながると思うのですが、自分の仕事の流儀を考えてみたとき、じつは、それに一番気が付いていないのは、自分自身ではなかろうかと感じています。だから自分と向き合う時間をとって、仕事をしていく中で、自分が本当に大事に思っていることは何か？　それを自分は本当に大事にしているかどうか？　ということを考えてみることが大事だと思うのです。

長野県に、「かんてんぱぱ」で有名な伊那《いな》食品工業株式会社があります。そこの塚越寛《つかこしひろし》会長に、このことをお聞きしたことがあります。

「会長が経営者として一番大事にしていることは何ですか」

「それは、一番大事なことを、一番大事にすることです」

「一番大事なこととは？」

「社員の成長と幸せを実現することです」

「やはりそういうことなのか」と納得しました。リッツ・カールトンの創業者であるシュルツィ氏が、同様のことを言っていたからです。

彼は、最も大事にすることは、「社員一人ひとりの成長」だと言い続けていました。そのためには、「エクセレントだ！」と誰もが自分に言い切れるだけのことをしっかりし続けることが一番重要だと話していました。

「レディース&ジェントルメン」という発想はそこから出てきたのです。

リッツ・カールトンのクレドカードには、「We are Ladies and Gentlemen Serving Ladies and Gentlemen」というモットーが書かれてあります。

そこには、「私どものホテルにいらっしゃるお客様は紳士・淑女です。そのお客様をおもてなしする私たちも紳士・淑女でなければなりません。ここが召使《サーバント》との違いです」という思いが込められています。

レディース&ジェントルメンとは、もっとも卓越したものを大事にする人たちのことです。社員である自分たちも、自分の仕事に誇りを持ち最高のものを追求し続けることを通してレディース&ジェントルメンでありたいという宣誓文なのです。

人それぞれ、大事にしていることは違うかもしれません。しかし、トップやリーダーと呼ばれる人には、常に最も大事なものを大事にし続ける信念があるのだと思います。

何を大事にしているかということが、結局、その人らしさや、仕事に対する姿勢を決めているのだと言えるでしょう。

●ウルトラクールビズにカンパイ

佐賀県に、人口5万人の武雄《たけお》市というところがあります。市長の樋渡啓祐《ひわたしけいすけ》氏がとてもユニークな方で、好んで物議をかもしては楽しんでいるところがあります（笑）。夏には環境省よりもすごいことを思い付き、実践してしまいました。それは、環境省提唱の「スーパークールビズ」のさらに上をいく、「ウルトラクールビズ」の実施です。夏に武雄市役所に行くと、職員が、Ｔシャツに短パン、サンダルで勤務している姿が見られます。

ちなみに、「短パンより長い、ファッション性の高いステテコありますよね、あれＯＫですか？」と、樋渡市長にお聞きしたところ、「ノープロブレム」と返ってきました（笑）。

市民からは、最初「真面目に仕事しているのか？」と思われたようなのですが、そこはやはりきっちりと仕事をしているわけです。そうすると、みんな安心して、ラフなクールビズファッションでやって来られるようにもなったわけです。

「こんな格好で市役所へ行って大丈夫かしら？」と思って行ったところ、職員全員が自分よりラフな格好をしているという、まさにこれは究極の遊び心です。思わず「この遊び心だけは、私はもう両手を上げて降参です」と、市長にメールしたほどです。まったくもって完敗です。

あらためて考えてみましょう。

たとえば、今どこまでOKなのか？　どこまでがダメなのか？　クールビズという言葉一つにしても、また他の言い方にしても、どんどんいろんなものが言葉になって生まれて、それが行動になって、そして一つの組織の中では習慣になっていきます。さらにそれが文化になっていきます。

このとき、気を付けなければならないことがいくつかあります。

クールビズの場合なら、「本当にそういう格好で仕事をするのが日本人の文化だったのかな？」ということを、どこかで自分たちで意識をする時間を持つことが必要だと思うのです。それなしに進んでいったのなら、ただ単に崩れていって終わりです。

仕事の流儀、組織の中の本当の文化、そういったことをきちんとおさえておくことが大事です。「この時期だけは、自分たちの思いは変えないけれども、装いだけは変えて働きます」ということを、常に意識しているからこそ、武雄市役所は一瞬もブレずに遊び心を発揮できるのだと思うのです。

ウルトラクールビズに見られるように、市長が一番大事にしている「遊び心」を持って真剣に働くという思想も、組織の中でしっかり共通言語化されていました。

●神は細部に宿る

多くのホテルには、お客様のための自販機が設置されています。また、裏に従業員用の自販機が置いてあるところもあります。リッツ・カールトンでも同様です。購入するというところまでは同じですが、問題は、それを飲むときです。

リッツ・カールトンのスタッフたちは、直接ボトルに口をつけて飲まないように努めています。大阪で開業する際に、そんな決め事をしました。ペットボトルから必ずグラスなどの器に注ぎ、飲むようにしたわけです。

なぜか？　理由は簡単です。日本古来の文化には、瓶や徳利《とっくり》からグビグビと飲むふるまいはなかったからです。

おもてなしを形にするときの3要素というものをご存知の方も多いと思いますが、それは、「装い・ふるまい・しつらえ」をいいます。この3つがちゃんとそろっていないとおもてなしにはなりません。

では、はたして、日本の本来の文化に反したふるまいをしている人が、日本人としてのおもてなしのスイッチを常に入れることができるでしょうか？

リッツ・カールトンが開業する際に、そういう小さなところにこだわったわけはそこにあります。

よく「神は細部に宿る」と表現されます。芸術家の方は常におっしゃいます。同様におもてなしの本質というのも、やはり細部に宿るのです。細部は、日常という連続の中にあります。そのため、日常における自分の過ごし方が、おもてなしの感性のレベルを決めていきます。

いつも日本の文化の美しいふるまいにのっとって、必ずグラスやカップに移して飲み物を飲むということを日常化させている人は、これがその人のレベルになっていくのです。

もちろんときには、海や山に仲間と一緒に出かけることもあるでしょう。リッツ・カールトンでも、みんなでアウトドアを楽しむことがありました。そのようなときには「今日はペットボトルから飲む」と決めて、ダイレクトに飲んでいました。

一見何ら意味がないように思えますが、決めて飲むのと何も考えずに飲むのとでは、天と地の差があります。「今日はペットボトルから飲む」と意識するだけで、感性の崩壊を防ぐことができるからです。

前述のウルトラクールビズもそうです。「自分たちは、何月何日から何月何日の間、節電という明確な目的を持って、遊び心も持ちながら仕事をする」ということを決め、意識しているから、軸がブレることは決してないのです。

ペットボトルしかり、クールビズしかり、意志の伴わないものはどんどん崩れていきます。何が崩れていくかというと、それは感性です。心の構えが崩れていくのです。

こういうことを日常の中で意識していくと、見えてくるものがたくさんあるのです。

●自分で自分のスイッチを入れて生きる

自分以外の人を変えようと思っても、そう簡単に変えられるものではありません。しかし、自分が変わることはいくらでもできます。ですから、「変わる」スイッチを自分に入れるということは、とても大切なことだと思います。

あるカップルの仲人《なこうど》をした知人から、こんな話を聞きました。

彼が仲人をしたのは、30歳を超えた、十分に大人の二人でした。結婚後は、仲睦《なかむつ》まじく暮らしていくことだろうと思っていたのに、ほんの2年で離婚の危機に陥ってしまったそうなのです。

知人は、二人のことをよく知っていただけに、「何があったんだろう？　浮気でもしたのかな？」と、とても不思議に思ったそうです。しかし、その原因は、ほんの些細《ささい》なところにあったのです。

最初、旦那《だんな》さんから話を聞いたところ、「うちの女房は、結婚してから一度も、僕に〝行ってらっしゃい〟と気持ちを込めて言ったことがない！」というわけです。

「そう、それはさみしいよね」と、なぐさめの言葉をかけたあとで、今度は、奥さんからも話を聞いてみました。

「なんで別れようと思っているの？」

「聞いてください。うちの旦那って、会社へ行くときに、一度も気持ちよく〝行ってきます〟って言ってくれないんですよ！」

嘘のような本当の話です。このようなささいなことが2年間たまっていくと、離婚話にまで至ってしまうのです。

このカップルの場合は、知人が間に入ってアドバイスをしたことで、離婚は回避されました。彼のアドバイスは、「お互いに当たり前だと思っていることに、感謝の思いをちょっとだけ入れて生活したらどうですか？」ということでした。

たとえば、朝起きて、当たり前のように朝食をとるのではなく、まずはキッチンに行って「おはよう」と声をかけ、「今日もいいお味噌汁《みそしる》の匂いだね」と伝えてみる、といったほんの些細なことです。

最初のうちこそ照れ臭さがあったようですが、徐々に慣れていったようで、いつしかそれは習慣にもなり、離婚騒動も自然消滅していったようです。

生活の中で、小さなスイッチをパチンと1日何回入れるか、これを自分の中で習慣づけていかないと、物事は何も変わらないのです。

このことに気が付かないと、いつも「問題は自分以外のところにある」ような気がして、ずっと不満をかかえて生きていくことになりかねません。

●靴磨きは感性磨き

大阪でリッツ・カールトンを開業するとき、若い営業マンたちに提案したことがあります。それは「感性を磨く」ということです。ことあるごとに私は、「感性を磨こう」と唱えていました。

なかには、「どうやったら磨けますか？」と、素直に聞いてくるスタッフもいるのですが、そのときは、逆にこんなふうに質問してみます。

「営業に出るとき、靴をはいて背広を着て出て行くだろう。だけど、家に帰ったときに、靴のホコリをきれいに払って木型を入れて〝今日一日僕の体を支えてくれてありがとう。ごくろうさま〟と言って下駄箱にしまっているかな？」

すると例外なく、ほとんどの人は下を向いてしまいます。

「そんなにやりません」などと答える人もいますが、「たまにはやるの？」と聞くと、「いや全然やりません」と返ってきます（笑）。

背広は、一日着て歩くとホコリがついたり、ひざの裏がしわになります。ホコリははらって、しわになった部分はきちんと伸ばして、できればズボンプレッサーで、なかったらスプレーでシュシュッと一拭きしてから逆さに吊《つ》って、「今日一日自分と一緒に戦ってくれてありがとう」と声をかけクローゼットにしまう。こうしたことは、誰もがやっていていいはずですね。

「1か月でいいから、騙《だま》されたと思ってやってごらん」

そう言うと、6人のうち3人ぐらいは騙されます。残りの3人は、頭ではわかっているのですが実行しません。そんなことで感性は磨けないと思っているからです。

1か月後、この6人とまた会うと、やった人とやっていない人とでは、あきらかに目つきが違っています。

「やっているね」

「はい。続けています」

「どう、最近自分の中で違いが起きてる？」

「起きています」

じつは、たったこれだけのことでも一生懸命やり続けていると、人と会った瞬間に、「あの方は靴を大事にしているな」「あの方も自分の背広を大事にしているな」、あるいは、「そういうことには全然無頓着《むとんちゃく》な人なのだな」と、相手のことがよく見えるようになってくるのです。自分が実行してみて、はじめてそのものさしが自分の中にできてくるのです。

高級品をはいているとか、そういうことではありません。パッと見た瞬間に、「きちんと靴を磨いている、自分の持ち物を大事にしている、この人はそういう気配りができている人だ」という、本質的な面がわかるようになるということです。

また、こういったことを大事にしている人を、どれだけたくさん友達として持てるのかどうかも、感性を磨くうえではとても大切です。

その人たちの話を聞いたり、所作や振る舞いに触れるだけで、感性がどんどん磨かれていきます。ホスピタリティの達人にもなれます。ですから、日本中のホテルマンがみんなやったらいいのです（笑）。

しかし、実際にはなかなかそうはいきません。なぜなら、大変だからです。いちいち時間がかかって面倒だからです。

だけど、こうしたコツコツ積み上げる努力を惜しんでいるうちは、感性は磨かれないのです。

●できない理由を探さない

伊勢《いせ》神宮のそばにある修養団で修業をさせていただいたことがあります。そこで思わぬ出来事がありました。

以前からお会いしたいと思っていた、島袋勉《しまぶくろつとむ》さんと出会ってしまったのです。彼は、事故で太ももの少し下から両足を失いました。しかし、マラソンを走り、「義足のランナー」として、テレビにもよく出演されています。

彼は事故で両足を失った際、東京の病院で治療を受け、その後、長野のリハビリセンターに転院しました。そこで義足の微調整をしながら立ち上がっていくのですが、そのときのことをご自身からお聞きしたいと思い、ずっとお会いしたいと願っていたのです。

その島袋さんと、お伊勢さんで偶然にも隣同士の席になったものですから、30分以上ほとんどひとりじめでお話を伺いました。

生きている限り、いつ何が起きるかはわかりません。それが、交通事故で両足を失い、気が付いたら病院のベッドの上にいた、という状況だとしたら……。

彼は、「あのね高野さん、足の指の先がかゆいんです」とおっしゃいました。足がなくなっても、神経は、足の指のかゆさを脳に伝えてくるのだそうです。ところが、かきたくても足がない。これに気が付いたときは、とてつもなくショックだったそうです。

私にはまるで想像できない世界です。しかし、そういうところから彼は立ち直っていって、マラソンを走り、ツールド沖縄で３１４キロもの距離を自転車で走破し、ついには富士山にも登ってしまいました。

このエネルギーの源ってなんだろう？　それが知りたくてしょうがなかったわけです。

これについて島袋さんは、非常に簡単な言葉でサラッとおっしゃいました。「高野さん、僕はね、できない理由を探さないことにしたんです」と。

彼曰《いわ》く、「こういう体で人前に出て行くと、ほとんどの言い訳が通用するんです」。

たしかに、多くのことについて、「これはムリですよね」「どうぞ大事にしてくださいね」と、周囲の誰からも言われることでしょう。必然的に、ほとんどの言い訳がとおってしまうのです。だから彼は、「自分を甘やかしたらキリがない」ということを、リハビリをしながら思ったのです。まだ、義足が自分の足にきちんとくっついていない頃に、すでにそのことに気付いたわけです。

それで彼は、自分を甘やかさないと決心したのだそうです。

彼はまた、できない理由を探さないと決心したときから、「自分の中でふっとラクになるものがありました」ともおっしゃっていました。この覚悟を決めてから彼は、「目の前にあるものは何でもやってみよう、できるかどうかはわからないけれど、何でもやってみよう」という気持ちになり、病院を抜け出すようになったそうです。

義足をつけて自分で勝手に外にリハビリに行くのです。これには、看護師さんも療法士さんも手を焼き、「もう島袋さん！　出かけないでくださいね、心配でしょうがない!!」

と、叱らずにはいられなかったようです。それでも彼は、また抜け出します。

「なぜ病院を抜け出すのですか！」

あるとき理由を聞かれ、彼はこう答えます。

「だって、病院の中で歩いていたって、どのくらい歩いているかわからないじゃないですか！　でも、外へ出て行くと、あの信号まで今日は歩けたとか、今日はあそこまで歩けたってわかるじゃないですか、だから出るんです」

これには病院側もびっくりしたようです。そして、彼を連れ戻したその日の夜に、スタッフ総出で病院の中じゅうに目盛をふったのだそうです。

ここまで歩いたら何メートル、何百メートルと言いながら作業をしているみんなの姿を見ているうちに、島袋さんは、「あ、この人たち本気なんだ、本気で僕のこと考えてくれているんだ」と思い、以後は病院の中でのリハビリに専念したと言います。

やがて退院の日、看護師さん、療法士さん、受付の人、病院中のスタッフが集まってきました。晴れの門出ではあるのですが、誰もが別れを惜しみ、院長先生にいたっては、「別れるのはつらいなあ。もうちょっといてくれ」とまで言っていたそうです。

家族のような温かな絆《きずな》で結ばれた島袋さんと病院の人たち。最後は、みんなが大泣きして送り出してくれたそうです。

●痛みに耐えることで強くなる

島袋さんとお話をして、自分はどういう生き方をしているのか？　何を大事にしているのか？　そんな問いかけも生まれてきました。

あらためて考えてみると、自分がどれだけ言い訳をしながら生きているのかということにも気付かされました。たとえば、かみさんに何か頼まれたら、最初に頭に浮かぶのは、決まってできない理由です（笑）。

ところが、できる方法さえ考えてみたのなら、大概のことはできてしまうものです。なぜそれができていないのかと言ったら、これは、島袋さんと話をしていて気付かされたのですが、「人は痛みに耐えることがとても苦手で、痛みを避けて快楽を求めるという習性がある」からです。

私は、仕事柄いろんな企業から研修を依頼されます。その際、企業の方に「どういった状況なのですか？」とお聞きすると、「うちの会社、創業したときはよかったんだけど、何年かたっていくうちに、コミュニケーションがうまくいかなくなってね、営業と現場がケンカしていて、これを何とか解消したいから企業研修をやってもらいたいんですよ」というようなご相談を受けます。

考えてみると、こういった状況というのは、足や腕の骨が折れているのと一緒なのです。「わかりました、治しましょう」ということにはなるのですが、それにはリハビリが必要になります。かなりの痛みが伴います。

「高野さん、両足のリハビリって、どれだけ痛いかわかりますか？」と、島袋さんはおっしゃっていました。

想像もつきません。しかし、その痛みに耐えることで、そこが強くなることはたしかだということはわかります。リハビリにより、以前よりも思った以上の力が出るようになる。たとえ骨折していたとしても、それをカバーするくらいの力がそこについてくるのです。

「だから僕、山に登れるんです」

島袋さんは、そうもおっしゃっていました。

企業の改革も同じです。本来、会社の悪化した部分は手術やリハビリで治さなければならないはずです。しかし、企業のトップ、幹部としては、「研修をやったら痛みを感じなくて済むのでは？」などと、痛みをさける方法を考えてしまうわけです。

このとき、その痛みを受け入れて、それを次につなげて強みにしていく、という覚悟を決めると、企業再生は意外に容易にできるのかもしれません。

容易という言い方は適切ではないかもしれませんが、稲盛和夫《いなもりかずお》氏が日本航空の立て直しを成しとげたのはわずかの期間でした。

働いていらっしゃる方がどれだけ痛みを感じたか……それは、想像を絶するものがあったと思います。しかし、痛みを受け止めると覚悟を決め、リハビリが一段落した今、これからはヒーリングの時間になるはずです。間違いなく、治っていく一方、強くなっていく一方だと思います。

●イメージ力が低下している現代人

ここ数年、顕著に感じられることがあります。それは、「現代人の多くが、心の中に絵を描くことが苦手になっている」ということです。

いろんなものをイメージする力は、本来誰もが持っているはずなのに、その力が、今とても弱くなっている。

昭和40年代、東京で下宿をしていたことがあります。そこは風呂《ふろ》がありませんでした。

近くの銭湯に通っていたのですが、その当時の銭湯は、いつ行っても洗い場がきちんと整っていました。

　理由は簡単です。自分が使ったあと、次の人のことを考えて、きれいにしてからその洗い場を離れていたからです。椅子や桶《おけ》を入り口のところに戻すということはもちろん、伽藍《がらん》にもちゃんと水をかけ、きれいにした状態で出る。男風呂でもこれが当たり前でした。

　ところが今はそうではありません。現在、とあるスポーツジムに週に1、2回通っているのですが、そこの洗い場に行くと、常に椅子や洗面器が、使ったままの状態で放置されています。洗面器に水が入った状態で置きっぱなしだったり、シャンプーなどの洗剤が鏡に飛び散った状態で、そのままスッと出て行く人も少なくありません。

　そうかと思うと、時々ですが、若い子でも、きちんと後片付けをしてきれいにして出て行く人もいます。そのようなときは、「おや、ホテルマンかな？」などと思ったりするのですが（笑）、それくらい、当然のことを当然のようにしている人のほうがかえって目立ってしまうという、笑ってはいられない現実があるわけです。

　つまり、やるのが当たり前のことを、今は、それをやらないのが当たり前の時代になっているのです。

人のふり見て我がふり直せではありませんが、自分の生き方として、自分が本来やるべきこと、大切にしたいことを、常に意識しているかどうかを考えてみることはとても大切だと思います。そして同時に、それは日常の中でトレーニングできるものだということに気付かされます。

日々の生活の中で、常に一歩先の場面を心の中でイメージしてみるという、とても単純な積み重ねが、自分の感性を大きく伸ばしてくれるのです。

●キッズホスピタリティの必要性

昔からの教えの中には、日本人の立ち位置を示したものがありました。たとえば、聖徳太子の「十七条の憲法」であったり、かつて小中学校の教科の一つであった「修身」などです。

「借りた物は返しなさい」「人の物を盗んではいけません」「次に使う人のことを考えなさい」等々、ごく当たり前のことが説かれているのです。しかし、今の日本から、この当たり前の精神が消えつつあるように感じられてなりません。

万引き被害でいえば、東京都内だけで年間何百億円とも発表されています。いつのまに日本はこんな国になってしまったのかと、とても悲しくなるのですが、原因の一つはやはり、当たり前のことをちゃんと伝えることができていないからだと思うのです。

といって、「修身」の授業を復活させることが答えだとは思いません。ただ、私自身は、ホスピタリティとは自分の身を修めること、つまり修身であると考えています。だから、子ども時代に身につけてほしい人として当たり前の行動を「キッズホスピタリティ」という言い方でお伝えしています。

たとえば、「〝お姉ちゃん、ハサミ貸して〟と、下の学年の子に言われたとき、どんなふうに渡す？」と質問します。

そのうえで、「まず最初にハサミを用意するよね。それを相手に渡すときに、刃先を向けて、どうぞでは、相手は小さい子だし、危ないよね。だから、柄《え》の方を相手に向けて、けがをしないように手の上にそうっとのせてあげるでしょ。これがホスピタリティの第一歩だよ」と話します。そうすると、小学生でもわかるのです。

ここからさらにもう一歩進めます。

今度は、カーテンの向こうにいる3人の人たちに、「ハサミを貸す」という設定です。こちらから向こうの3人は見えません。たいていは母親がいつも使っている裁ちバサミを用意したりするわけです。

ところが、カーテンを開けてみると、一人は左利きの人です。用意した裁ちバサミは右利き用でした。

真ん中の人は目が不自由でした。やはり鉄製の裁ちバサミでは危険ですね。今は、セラミック製の安全性を高めた視覚障害者用のハサミがあるのです。それなら安心して使ってもらえるでしょう。

あと一人は2歳の女の子です。大人用の裁ちバサミは彼女の手には大きすぎますね。ハサミを用意すること、それはサービスです。それを相手にとってベストなものを選んで渡してはじめて、ホスピタリティになるのです。

ホスピタリティと聞くと、難しく考えてしまう人がいますが、要はそういうことなのです。しかし、こんなことが、ホテルマンでもできていない人が多いのです。

理由の一つには、ものを考えなくなったということが考えられます。そういう環境の中に育ってきていない、つまり、「相手の立場に立って考える」といった、当たり前のことができる人ばかりだった時代に育ってきていないからです。

「返せと言われるまでは返さない」という感覚でいると、それこそ万引きですら、ゲームの一つになり、罪の意識も低いものになってしまうのでしょう。

そこで、当たり前のことを当たり前にできる人がもっと増えてほしいと願い、キッズホスピタリティの必要性を、いろいろな機会に訴えているのです。

●3つのスクリーンの奴隷にならない

自分の心の中にイメージを描く力、これが弱くなっている理由は何か？

このことをずっと考えていたところ、「その原因は3つのスクリーンにある。世の中には、3つのスクリーンを上手に使いこなしている人と、逆に、奴隷になっている人がいる」ということに気が付きました。お師匠である矢野《やの》弾《だん》先生の小冊子からの啓示です。

3つのスクリーンとは、まず一つがテレビのスクリーン。2つめが携帯電話のスクリーン。3つめが、コンピュータのスクリーンです。

これらは本来、便利なツールであり、そこからいろいろな情報を受け取り、上手に使いこなしていくべきはずのものです。

ところが、現実には、まったく違う結果を生んでしまっています。

テレビや動画など、いつでも何回でも見られるツールがあると、自分の中でイメージをする必要がなくなります。また、向こうが伝えたいイメージをどんどん吸収してしまうことで、自分の感受性でイメージする力が拡散してしまいます。要は、じっくりと物事に集中し、考えることができなくなってしまうのです。

これは、とても怖いことなのでは？　と、最近思わずにはいられません。

朝起きてすぐにテレビをつけるという人も多いでしょう。とくに見ているわけでもないのに、垂れ流し状態といった感じで、ずっとテレビをつけっ放しという人もいるかもしれません。あえてその習慣を、1週間のうちに2日間くらいはやめてみる。本当に見たいものを見る。自分で選ぶ。そういったことを実行してみてはいかがでしょうか。いわば情報断食のようなものです。

この情報断食の必要性を痛切に感じたのが、3・11の記憶です。あの大災害が起きたのは、たった2年前のことです。ついこの間のことなのに、随分と昔に起きたことのように話をしている人がたくさんいます。

あまりにもめまぐるしくかわるスクリーンを毎日毎日見ていると、集中する力がどんどん失われていってしまいます。本当はもっとみんなで何ができるのかを考えるべきときにも、スクリーンから否応《いやおう》なく入ってくるバラエティ番組などに気持ちが拡散されてしまい、集中する力が弱まってしまうのかもしれません。

3つのスクリーンを自分の生活から消すことはいまや不可能です。電話やメールを「今日からすべて手紙に代えよう」と言ったところで、現実的ではありません。「テレビをなくそう」ということも難しいでしょう。コンピュータを使わないでおこうというのも難しいと思います。

それならば、自分は「3つのスクリーンに支配される奴隷にだけはならない！」と決めてみることです。

フェイスブックなどを利用している人の中には、あれを見ていないと「もう不安で不安でしょうがない」というので、食事のときでも、常に画面をのぞきこんでいる人がいますが、これでは完全に奴隷です。

テレビもコンピュータも携帯電話も、あくまでツールです。本来、ツールを使いこなすべきなのに、ツールの奴隷にされてしまっては、感性はどんどん削《そ》がれてしまうことでしょう。このことはあらためて考えてみるべきだと思うのです。

●堪忍袋を縫っていますか？

よく、我慢の限界を超えることを「堪忍袋の緒が切れた」などと表現します。

上司からの叱責《しっせき》、仲間との口げんか、お客様との延々とした苦情のやりとり等々、頭の中で、まさに堪忍袋の緒がブチッと切れたような、そんな音が響くときがあるものです。

とくにホテルのように直接お客様と向かい合うような仕事をしていると、時々、いえいえ、しょっちゅう、そんな思いをしています。

「お客様は神様なんかじゃない！　絶対違う！　悪魔だー!!」と、心の中で叫んでしまうことが多々あるわけです（笑）。

しかし、最近この我慢の度合いが、以前と比べてずいぶんと違ってきているような気がしてなりません。

昔のホテルマンであれば、もっとギリギリのところまで我慢して、「ひょっとしたら、自分が悪いのではなかろうか？」とか「もっとできることがあったんじゃないのかな？」などと、自分自身と向き合う人が少なくなかったのですが、最近は、すぐさま相手に対し、堪忍袋の緒を切る人が多いように見うけられます。

実際に、お客様から怒鳴られて、「私の責任じゃありません。冗談じゃない、もうやってられない！　辞めます！」と、制服を着替えて帰ってしまう新人がいます。

　上司から厳しく叱られて、「何で僕だけ怒られるんですか！　○○さんだってやりました。いいです、もう辞めます」と言って、本当に会社に出てこなくなる社員もいるようです。まさかと思うかもしれませんが、こうした話は枚挙にいとまがありません。

　道歌に、こんな句があります。ご存じでしょうか？

「堪忍の袋をいつも首にかけ、破れたら縫え、破れたら縫え」

　何かでブチ切れそうになったら、一瞬深呼吸をし、自分を客観的に見てみる。笑いながら自分を上から見ているもう一人の自分がいる。そんなイメージをもってみるのはどうでしょう。堪忍袋が真ん中から切れそうになっているのが見えたら、大急ぎで針と糸を用意して、それを縫ってみる。そういうイメージを自分の中で作っていくのです。これは我慢力を鍛えるイメージトレーニングです。

　たったこれだけのことで、一呼吸、二呼吸おいて次のことを考えることができるようになるものです。この繰り返しで、あなたの堪忍袋もきっと丈夫になるに違いありません。

第3章

働き方・生き方の軸を鍛える

●誇り高き日本のお母さん

自分らしい働き方、生き方の軸とは何か？

これは生きていくうえでの核ともいえる大切な部分です。ここが定まっていないと感性豊かな人生を築いていくことは困難になります。

また、働き方、生き方は、一人ひとり違います。Aさんに当てはまるものが、Bさんにも当てはまるとは限らないわけです。しかし、人としてあるべき姿、その軸は同じだと思うのです。

このことを考えてみたとき、渡部昇一《わたなべしょういち》氏のエッセイにあった終戦直後のあるエピソードを思い出さずにはいられません。

ご存じのように、戦後、日本は米軍に占領されていました。焼け野原の東京では、進駐軍が町を闊歩《かっぽ》していました。貧しい子どもたちがジープのまわりに集まってくると、その上からチョコレートやガムを放ってくれるのです。

美空ひばりさんの歌にもありますが、右のポッケには夢が入っているので、子どもたちは進駐軍からもらったチューインガムを左のポッケに入れたわけです。当時はこれが当たり前に見られた情景だったのでしょう。

アメリカ軍は、世界各地の進駐していった先で、チューインガムやチョコレートを子どもたちにジープの上からあげていました。

ところが、日本だけは他の国と違う現象が起きました。

わが子が進駐軍からチョコレートをもらって家に帰ってきます。

「そのチョコレートどうしたの？」

「アメリカの兵隊さんが投げてくれた。それをもらってきた」

たしかに、貧しい生活を送ってはいます。教育のレベルも低いかもしれない。しかし、戦前の「身を修める」という教養を身につけた日本の母親はどうしたか？

そのときお母さんは、「返してきなさい」とも「捨てなさい」とも言わず、「ありがとうと言ってからいただきなさい」と、わが子に言ったのだそうです。そして次の日に、大根を半分、あるいは、お芋を3つなど、自分の家にあるわずかばかりの食べ物を工面して、進駐軍のところに届けるのです。

「自分の息子が昨日チョコレートをいただいたお礼です」

お母さんはおじぎをして帰っていきます。

しかしこんなことがたびたびあったため、進駐軍の中に大きな波紋を呼んでしまったのです。

今までこのような国民に出会ったことがなかったからです。すぐに彼らは、「これはマズイぞ」と感知しました。放っておいたら、日本人は再びこういう感性をどんどん伸ばしていくだろう、そうなったらどうなるのか？　それは、まったく想像もつかないことです。「すごい民族だ」と、未知数の脅威を感じた彼らは、その後、戦後教育の軸を作る際、日本人本来の精神を形作るものをなくそうと必死になり、「修身」を廃止するなど、感性崩壊を徹底したといいます。

終戦記念日にたまたま読んだ記事でこのことを知ったわけですが、本当に驚きました。すごい話だなと思いました。

人としての誇りをどう持つか。仕事の仕方だけではなく、生き方の軸として自分が最も大事にすべきは何なのか。敗戦国である日本のお母さんたちのとった行動は、そのことを強く示してくれていると思います。

●繊細な「気遣い」・骨太な「気働き」

1986年に「男女雇用機会均等法」が作られ、働き方における男女の別というものはかなり改善されました。しかし、まだ不十分な部分があるということで、１９９７年に全面改正、２００７年に再改正され、現在は、基本的に男性も女性も同じ仕事ができる状況になりました。

ですが、どう考えてみても、男性と女性の力の発揮されるところは違うと思うのです。女性は金星から、男性は火星から来て、異星人同士がたまたま地球というこの星で出会ったのですから（笑）、これは違っていて当然なのです。

冗談はさておき、つまり、男性と女性には、本来そのくらい違いがあるということです。いろいろな意見はあると思いますが、「男性と女性は同じ仕事に就くことはできるけれど発揮する能力には大きな違いがある」と思っています。

そう考えるのは当然であり、不平等でもなんでもないと思うのです。

よく私は、ホスピタリティのことを「人の心に自分の心を添えること」と表現しますが、男性と女性とでは、その方法そのものが違っているように思います。

誤解を恐れずに洞察すると、女性的なホスピタリティとは、「非常にキメ細やかな心遣い、心配り」ということになるのでしょう。

では、男性の場合はどうか？　このことをここ数年考えてきました。

書店には、心遣い、心配り、日本人らしさといったタイトルの本が所狭しと並んでいます。先日、小さな書店に行って、その類《たぐい》のタイトルがついた本を気が付くままに数えてみたら、18冊もありました。

キャビンアテンダントの方が書いているものが何冊かあったのですが、やはり、繊細で、相手の心のひだに入っていくような心遣いが、とてもわかりやすく書かれてありました。なかなかおもしろい本でした。

彼女の本のみならず、女性が書かれた本は、細やかな気配り、心遣いがテーマになっているものが多いように思います。

しかしあるとき、はたと気付かされたことがあります。

リーダーになったときに持つべき感性についてです。それは「じつはもっと骨太なものでなければいけないのではないか？」ということです。

リーダーたるもの、はたして、繊細な心配りと心遣いだけでいいのだろうかと考えたとき、それは少し違うように感じたのです。

では、必要なものは何か？

それは、気を働かせるということ。すなわち「気働き」ではないかと思ったのです。

繊細な気配り、気遣いが女性的なホスピタリティであるなら、気働きは骨太な男性的なホスピタリティの形です。

ここで思い出すのは、のちの天下人、木下藤吉郎《とうきちろう》のエピソードです。足軽として織田信長につかえていたとき、懐《ふところ》で信長の草履をあたためたという、あまりにも有名な話があります。あれは、細やかな心配りだとか、ちょっとした気遣いとは違うのではないかと感じるのです。

仕事の現場で彼が必死で考え、仕事を全うし、上司との関係を築き、信頼関係を生むための深遠な気働きだと思うのです。

だから気働きというのは骨太なのです。そしてこれこそが、トップが身につけるべきホスピタリティではないかと強く感じたのです。

●もし、部下の大切なお客様にお茶を淹れたら

一口にお客様と言っても、そこには2つの区分があり、それぞれに対応も違ってくるものです。

その2つとは、「カスタマー」と「クライアント」です。

たとえば、ホテルにお泊まりいただくお客様はカスタマーです。このお客様をおもてなしするために、お花屋さんや食材卸店など、いろいろな業者さんと組んで準備を進めたり、あるいは、営業部門の人たちと打ち合わせをするわけですが、その人たちはカスタマーではなく、ビジネス対ビジネスのクライアントになります。

ホテルにお泊まりになるお客様、つまり、カスタマーに対しては、繊細な心配りや気遣いが非常に大きなウエイトを占めます。

一方、出入りの業者さん（リッツ・カールトンではパートナーと呼びます）、つまりクライアントと強い関係性を作っていくうえでは、骨太な気働きが重要になります。「こういうしっかりした企業と仕事をしたい」と思ってもらえることはもとより、「きちんと仕事をしていただく」ことが大切だからです。

さらに、ちょっと粋な遊び心も上司が示すホスピタリティになることがあります。たとえば、自分の部下が、大事なクライアントとミーティングルームで打ち合わせをしているとします。

そこで、上司が、「○○君の大事なお客様が来ているのか、よし」と、秘書を制して、自らお茶を持って行ったとしたら、そして、「いつも○○がお世話になっています。ありがとうございます。どうぞよろしくお願いします」と、そんな時間をとったとしたらどうでしょう。

その際、部下が恐縮もせずに、まるで当たり前のように「あっ、部長どうもありがとうございます」と、何気なくやったとしたら……。

「こういう組織は信頼できる！」と思ってもらえるか、「上司が部下のためにお茶を淹《い》れないといけない組織なのか？」と思われてしまうか……。

じつは私自身、日本に転勤してきたころに何度か試してみたことがあります。

厳しいトレーナーの指導の下、結構上手にお茶を淹れられるようになった私が、女性スタッフをお客様が訪ねてきた際、お茶を淹れてお出しする、ということを何度か実験してみたのです。

やはり、結果は思ったとおりでした。

みなさん、「え！」と、驚かれるのですが、その驚きが、社内の人間関係のよさ、面白いチーム、風通しのよい組織といった、好印象を生んでいったのです。あらためて、厳しいトレーナーこと、かみさんには感謝です（笑）。

ともあれ、目の前に広がる状況をどう捉《とら》えるか。それは、気働きにおいて大きなポイントの一つだと言えます。

自分の部下が、大事なクライアントさんと話をしているときに、「上司たる自分がお茶を淹れる？　コーヒーを淹れる？　冗談じゃない！」と捉えるのか。それとも、「部下にもお客様にも、日頃の感謝を示すことができる」と、楽しみながら捉えるのか。

こうしたことを考えてみるというのも、働き方の軸を形成する要素につながっていくのではないかと思います。

●「気遣い」はアンテナ・「気働き」はレーダー

「気が重い」「気が付く」「気がまわらない」「気がうつろ」等々、人間の行動は、「気」を外しては考えられないことばかりです。それだけ「気」は大事なもので、多くのパワーの源になっているということなのでしょう。

この「気」というものを、本気になって働かせるリーダーがいたとしたなら、その気働きの力というのは、一人ひとりの気遣いの感性を刺激してくれるのではないかとも思うのです。

もちろん、「細やかな気遣いより、骨太の気働きのほうが重要である」とか、そういうことではまったくありません。

ホテルの現場などでは、やはり、お客様一人ひとりのニーズに対して、自分のアンテナを大きく広げ、あらゆるものを受けとめ、それに対して自分がどう行動するべきかを考えなくてはなりません。細やかな気配り、気遣い、心配りがとても大事なのです。

自分のところに入ってくる情報を的確に受けとめ、それに対してキメ細やかに対応していくという、さながらアンテナのように受動的なこの力は、欠かすことのできない要素なのです。

一方、骨太の気働きというのは、気を働かせるわけですから、レーダーに近いものだと思うのです。レーダーは、マイクロ波のパルスを発射して、目標物との距離や方位を測定する機器ですが、気働きというのも、そうやって能動的に、自分からいろんな情報をどんどん取り込みに行くわけです。そして、捉えた目標に対して、今度は積極的に気を働かせていくのです。

アンテナもレーダーも、現実的にどちらも欠かすことができない機能です。

生きていくうえでも、仕事を進めていくうえでも、アンテナ的な受動的要素とレーダー的な能動的要素、これはやはりどちらも必要だと思うのです。

●叱ることは「気働き」の結晶である

仕事上、上司が部下を叱らなくてはならない場面があります。私はこれを、気働きが凝縮された行為ではないかと思っています。

その人にとって何が必要かということを考える。その人の成長にとって今自分が何を言うべきかということを、迷いなく、自分の気をせいいっぱい働かせ、言葉にし、行動にしていく。

これこそ、上司としての気働きの結晶だと思うのです。

しかし、この結晶化、つまり、叱り方というのはとても難しいものです。とくに最近は「褒めながら育てる」という言い方が非常に多くなってきました。

ですが、褒めながら人を育てていく企業文化が根付いていくためには、叱る文化がなければなりません。バランスがとれなくなるからです。

褒めるだけの文化でやっていくと、人は、褒められるためだけの仕事しかしなくなってしまう危険性があります。何をやったら褒められるか？　そこだけを敏感に感じとって、人目につかない部分は、評価されないからやらなくなってしまう。会社にとっては大きなマイナスです。叱って鍛え、褒めて育てる。それが人材育成の基本だと思うのです。

結局、褒める文化、叱る文化、両方のバランスがきちんととれていないと、企業自体も成長していかないのです。

ホスピタリティというのは、相手の心に寄り添うということが何より大切なのですが、それは、今叱らなくてはならないことをビシッと言う、褒めなければならないことをきちんと褒める、ということを指しているのです。

「それは違うだろ！　こんな君らしくない仕事の仕方をしていたら評価が下がるだろう。もっといい仕事ができるはずなのに、これじゃ、君の今までの評価が逆転してしまう、それでいいのか？」等々、ビシッと言わなければいけない場面もたくさんあるはずです。

言わなければならないときにそれを言わないで、仲良しクラブ的に、「まぁ、波風たてずにやっていったほうがいいか」とやっていたのでは、単なる放任主義と言わざるを得ません。放っておいても部下が育ってくれればいいのですが、残念ながらそうはいきません。

私がとてもラッキーだったのは、リッツ・カールトンで働いているときに、シュルツィというトップがいたことです。

彼は、時々部下に自らコーヒーを淹れていました。「ご苦労さん」という、感謝と労《ねぎら》いの言葉をかけながら、平気な顔をして部下のためにコーヒーを淹れていたのです。その理由は簡単です。常に部下のことを考え、部下を大事にしていたからです。

ですから、彼の叱り方も半端ではありませんでした。私も何回か叱られていますが、それはそれは凄《すさ》まじいものでした。

勢いよく眼鏡を外し、デッカイ目をむき出しにして、「こんな情けない仕事の仕方をして、何をやっているんだ！」「今まで何を学んできたんだ！」「これくらいできて当たり前だろ、君の能力だったら！」と、ビシビシ叱るわけです。怖かったです。

怒鳴るとか、怒るということではありません。あくまでも「叱る」のですが、それでもやはり、気持ちはめげてしまいます。ただ、めげてはしまっても、決して折れたりはしなかったのです。

怒鳴られたり怒られたりしたら、それは心も折れてしまうことでしょう。しかし、叱る行為には、相手の成長を願って諭すという愛情があります。それが伝わっていきます。ですから、めげはしても、ぎりぎりのところで気持ちは折れないのです。

シュルツィは、どんなにカンカンになって叱っても、次の日にはケロリとしています。昨日のことなどまるでなかったかのように、笑顔で接してきます。

これもまた、叱ることの中の大切な要素ではないかと思います。

●人物は「気遣い」と「気働き」の両輪で走る

叱るということに関して述べるなら、松下幸之助《こうのすけ》さんの気働きの力を紹介しないわけにはいきません。彼もまた、けっこう部下に雷を落としていたようで、有名な逸話がたくさん残されています。

「君、何やっとるんや！」と、すごいけんまくで叱り飛ばされると、誰もがめげてしまうに違いありません。普段はツワモノの部長であっても、その日の夜は、肩を落として、しょんぼりしながら家路につくことでしょう。

ところが、家に帰ると、奥さんが作った豪華料理が待っているのです。あるいは、出前でとった豪華な料理が並んでいるのです。

お客様がいるわけでもなければ、子どもの誕生日でもありません。

じつは、幸之助さんは、部下を叱ったあとに必ずその部下の家に電話を入れたそうです。

「彼は、うちの会社をこれから担っていってくれるヤツなんや。そう思ったから、今日思いきり叱ったんやが、きっと相当落ち込んで帰るから、奥さん何かうまいもん作ってやってくれんか」というわけです。

これなら、どんなに叱られても心は折れないでしょう。むしろ、こういう上司の下で働けることを幸せに感じられることでしょう。

これこそ、上司として、リーダーとしての骨太の気働きだと思います。じつにかっこいい働き方であり生き方だと思います。

私自身、アメリカで働いているときも日本に戻ったあとでも、骨太の気働きができるメンターたちに出会う機会に恵まれました。そういう人たちと接していてわかったのが、じつは彼（彼女）らは、骨太の気働きも繊細な気配りも両方できるということです。

トップリーダーだけではなく、中間リーダーであっても、リーダーとしてのホスピタリティの軸が何かというと、「自分の大事なスタッフの成長にどれだけ責任を持てるか」ということだと思います。

そのときのキーワードの一つが、「気働き」ではないか。そしてそれは大きな要素になるのではないかと、そんな気がするのです。

仕事をきちんともれなくできる人のことを「人材」と言います。きちんと正確に任された仕事ができる。「あそこは人材の宝庫、あそこに任せていたら大丈夫」という、そういう人たちです。

一方で、ワクワク楽しみながら、その場の雰囲気を作りながら、やっていく人たちがいます。これは「人財」です。きちんと正確にさらにワクワクしながら働ける人財ぞろいの会社は、もっと楽しいことでしょう。

では、どういう人が、こういった人材と人財を育てるかというと、これは「人物」です。その背中が人を動かす。その一言で人がどんどん変わっていく。やがて人材になり、人財になっていく。そんな、人物というものを一人ひとりが目指す。そういう生き方を自分の中の軸にしていったなら、人生はもっと楽しくなるのではないでしょうか。

ただし、「オレは人物だから、お前らのことを育ててやるぞ」と吹聴《ふいちょう》する人物は、だいたい俗物であったりするのですが（笑）。

西郷隆盛《さいごうたかもり》さんのところに人が集まる。坂本龍馬《りょうま》さんのところに人が集まる。勝海舟《かつかいしゅう》さんのところに人が集まる。田中角栄《かくえい》さんのところに人が集まる。やったことの功罪は別です。いいこともやったし、ちょっとキツイこともやったかもしれません。しかし、間違いなくそういう人は、「いい人材だったな」ではなく、「スゴイ人物だったな」と言われます。

人物と呼ばれる人というのは、とてつもない気働きの間に、ちょっとだけ見せる細やかな気遣いがあり、それがたまらないほど大きな魅力でもあり、人々を惹《ひ》きつけてやまないのではないでしょうか。

●千円札にみる田中角栄の気働きと気遣い

田中角栄さんといえば有名な話がたくさんあります。たとえば新人秘書が入ってきたとき、必ず最初に教えることがあったそうです。それは、千円札の折り方です。角をきちんとそろえ、正確に3つに折るのです。そしてそれを、毎朝30～50枚のポチ袋に1枚ずつ入れさせるのです。

政治家ですから、あちこちいろんなところへ出かけたりするのですが、その際、行く先々でお世話になった人に、たとえば、運転手さんなどに、それがたとえ5分だったとしても、「あとで冷たい物でも飲んでくれ」と、ポチ袋を渡すわけです。

このキメ細やかさと、そういうことを自分のスタッフに真剣に教えている田中角栄さんという人物を思い浮かべると、何だかほんわかとした気分にさせられます。

角栄さんは、本気の気働きをやっているわけです。政治家ですから、あらゆることに神経を巡らし、計算しつつ、なおかつ、「同じ千円札だからどんな折り方でもいいだろう」

ということではなく、3等分に正確に折るということを秘書にきちんと伝える。これが田中角栄事務所の流儀なのだということをきちんと伝えながらやっているわけです。

実際、クシャクシャッと折った千円札よりも、きちんと丁寧に折られた新札のほうが同じ千円ではあっても、その重みは随分違うのではないでしょうか。

こういったキメ細やかな気配りをしながら、大きな意味で気を働かせている。これが、「人物」がなせる気働きではないかと、私は勝手に捉えています。

「それは単なる気遣いですよ」という意見もあるかもしれません。たしかに、気遣いでもありますが、角栄さんは高い視野で気を働かせながら計算をしていたはずだと思うのです。

つまり、そのときの思いつきで、アンテナでパッと受信して気遣いをしたのではなくて、ちゃんと自分のやっている仕事がわかっている、自分の責任が見えている、事務所の評判も、田中角栄としてのブランドも、すべてをレーダーで捉えていたのだと思うのです。そしてそのときに「千円札はこうでなければいけない」とこだわったのではないでしょうか。

おそらく、田中角栄さんの政治家人生とは、壮大な気働きの連続だったのではないかと思うのです。

●学んだことを行動に落とし込む

講演会や研修に参加すると、思わぬ情報にふれ、思わず「目からウロコが落ちた」ということがあるものです。ところが、そうやってボロボロ落ちたウロコは、3日もすればまた元に戻ってしまいます。

人間の記憶には忘却曲線というものがあって、人から聞いた話は1日で74パーセントも忘れ去ってしまうのだそうです。

せっかく、ためになるいい話を聞いても、次の日に会社に行って、「あれ、なんだっけな」と、思い出そうとしているうちにその日の業務が始まってしまい、「まぁ、いいか」と、その日の夕方までにはほとんど忘れてしまっているわけです。

世の中には、コンサルタントと呼ばれる先生がたくさんいます。不思議なことに、コンサルタントの先生たちは失業しません。コンサルタントの会社がつぶれたという話は、ほとんど聞いたことがありません。

なぜでしょう？　それは、人は聞いた話を忘れるからです。そのため、「そうそう、その話を聞きたかったんだよね、やっぱりいい話だよ」という具合に、同じ先生が何回も呼ばれるのです。

現に、あるコンサルタントの方は、「みんな忘れてくれるからありがたいもんだ（笑）」とおっしゃっていました。

人はどうしてこれほど忘れてしまうのでしょう？

それは、行動に落とし込まないからです。行動に落とし込んで、どんどん会社の中で活《い》かしていけば、コンサルタントの先生のアドバイスもしっかり生きてくるのです。

以前、組織改革というテーマで、ある病院の幹部クラスの方々の研修会に呼んでいただいたことがあります。そこで私は、ストレートにこのような質問をしてみました。

「優秀な人であればあるほど、知識で理解しようとします。その理解したものを今度は他の人に任せて形にしようとされる。つまり自らは行動をおこそうとしないのです。みなさんの組織はいかがですか？」

看護部長さんが一人で大きく何度も頷《うなず》かれていました。

このことは、院長先生たちもわかっていらっしゃるはずなのです。わかってはいるのですが、忙しさを理由に、できていないのです。何か大掛かりなことをやらなければ組織改革はできないものだと思い込んでいるわけです。

しかし、大げさなことをやる必要はまったくありません。自分自身がちょっと変わるだけでいいのです。その場にいた20人の方々が、1日に使う言葉を10個変えたとしたら、それだけで200の新しい言葉が生まれます。200の新しい言葉が生まれれば、200の新しい行動パターンが生まれます。

そして、200の新しい行動を毎日続けたのなら、それが新しい習慣になり企業風土になります。組織を改革するとはそういうことなのです。

●もう一度、時間が取り戻せるなら

突然ですが、あなたにリッツ・カールトン流の課題をプレゼントしましょう。

今あなたがこの本をお読みになっているのは、西暦何年、何月何日でしょうか？　この本が発刊されてすぐにお読みになっている方もいれば、数か月、数年後に読まれている方もいることでしょう。いつであろうとかまわないのです。

神様が、「今日、この日から1年前に戻って、この1年間をもう1回やり直すことができます」というプレゼントをくださいました。

ただし、これは個人に対してのプレゼントですから、地球上で起きたいろんな出来事に対しては無効です。いろいろあった中で、あなた自身が1年前に戻って「もう1回やり直してもいいですよ」ということです。

もしかしたら、「そのプレゼントは嬉《うれ》しいですが、とくに変えたいことはありません。この1年とまったく同じ人生を送って何ら悔いはありません」とおっしゃる方もいるかもしれません。

しかし、そのような人はごくわずかでしょう。ほとんどの人が、あの本を読みたかった、家族ともっと過ごしたかった等々、やり直せるなら、あれもこれもやりたいという後悔がたくさんあるのではないでしょうか。

「未練」と「悔い」は似ているようで違います。未練は何をやっても必ず残ってしまうもので、これはもう仕方ありません。しかし、同じように残ってしまうものだとしても、悔いは可能なかぎり残してはいけないものだと思うのです。なぜなら、悔いてしまうことの中に、本来の使命のようなものが秘められているからです。

私は2009年にホテル業界から引退しましたが、35年間ホテルマンとしての生活を送り、そのうち20年間はリッツ・カールトンに勤務しました。根っからのホテルマンです。

行政にチャレンジするためにホテルを辞めたわけですが、これほど住み慣れた業界から別世界に行くというのは、最初は自分でもちょっと考えられないことでした。たしかに、行政に興味はありました。でも、ずっと憧《あこが》れていた世界、ということではないわけですから、やはり悩みもしました。

あのときに考えたのは、「未練は残るか？　悔いは残るか？」ということでした。

35年もの長きにわたって身を置いていた業界を去るのですから「どう考えたって未練たらたら、それはもういっぱい残ることは間違いない」と思いました。

一方で、「でも、今辞めても悔いは残らない」とも感じていました。

そして最終的に、「後悔しなければそれでいい」と考え、辞めることを決意したのです。

後悔は、こういった進退を決めるような重要な場面にはつきものですが、そうではない日常の些《さ》細《さい》な場面でも、ちょくちょく起きることです。

読みたい本があるのに積読《つんどく》状態のままになっていたり、会いたい人がいるのに会えないままだったり、行きたい研修があったのに行けないままになっていたり……。忙しくて時間がとれなかったとか、遠慮し過ぎて行きそびれたなど、理由はいろいろありますが、まさに「後悔先に立たず」です。

時間が取り戻せるなら何をやってみたいか？

慌ただしい毎日の中にあっても、ふと立ち止まり、自分自身にそう問いかけてみる。そのような時間を大切にしてほしいと思います。

●本当に大事なものを大事にする

ずいぶん前のことになりますが、リッツ・カールトンのリーダーシップセンターで、アメリカのリーダーたちを対象に、アンケートを行ったことがあります。

内容は、「すべての制約がないとして、時間を自由に使えるとしたら、あなたが今リーダーとして一番やらなければいけないと思っていることは何ですか？　どういう時間の使い方をしたいですか？」というものでした。

回答のトップになったのは、「もっと部下と関わる時間やコミュニケーションを大事にしたい」というもので、ほぼ全員が、そのことにチェックを入れていました。

では、その人たちが自分の部下とコミュニケーションをとるため、実際にはどれだけの時間を割いていたのかというと、これは、寄せられた回答を見たところ、全勤務時間数のうちのわずか5％以下という結果でした。なかには、2％以下というケースもありました。

目の前にある優先事項に振り回されてしまって、本当に大事だと思っていること、つまり重要事項に対して時間を費やすことができていないという現実が浮き彫りになっていました。

「自分の大事な部下と、もっとコミュニケーションをとることです」。そうわかっていながらも、まったくそれができていないという現実。思ったようにはなかなかできにくい環境にあるからでしょう。だとしたら、環境を変えていけばいいわけです。それが本当に大事なことであるなら、当然のことだと思います。

では、そもそも「大事なこと」とは何なのでしょうか？

それは、自分が一番大事にしているものを一番大事にすることに他なりません。それ以上でもそれ以下でもありません。時間やエネルギーをそこに向け、自分で変えていけばいいだけのことです。そしてそれは、自分にしかできないことなのです。

誰かにあなたの時間の使い方を、こうしなさい、ああしなさい、と言われたところで、「わかりました」と返答し、意気揚々とやっていけるかといったら、それはちょっと難しいのではないでしょうか。

自分の時間の使い方というのは、言い換えるなら「自分の命の使い方」でもあります。自分の命をどう使うか。これはやはり自分にしか決められない世界なのです。

●1年の計は元旦の前にあり

1年の計は元旦《がんたん》の前にある。

これはリッツ・カールトン時代の私の考え方です。このように考えていると、来年1年間の計画が早めに立ってきます。やるべきことが明確化され、心の準備だったり覚悟ができるからです。

リッツ・カールトンでは、11月の終わりになると、一人ひとりにある課題が出されます。仕事上のことがメインになるのですが、今年1年でやり残した重要事項をすべて紙に書き出すのです。

今年1年はもうやり直しはききません。しかし、やりたかったこと、やり残したこと、悔いが残ったことを書き出してみて、「これが自分にとって最重要事項だな」と思ったのなら、それは次の年に実現すればいいのです。

この作業を行うと、来年1年間、52週間の過ごし方がかなり違ったものになります。

1年の計は元旦にありだと、ちょっと遅すぎます。やはり、この作業を行うのにベストな時期は、11月の終わりから12月の半ばまででしょう。

絶対はずせないもの、ちょっと面倒でもやっておかなければならないこと等々、すべてを書き出したら、今度はそこから、重要事項の優先順位を決めます。

最優先で行うべきことは何か。どのタイミングで実行するか。そういったことを考えていくと、まず働き方にメリハリが出てきます。使われる時間も喜びます。自分のためにどんどん時間が役立ってくれるようになり、これまでの2倍にも3倍にも4倍にも人生の喜びが広がっていきます。

以前、フランシス・ヘッセルバインさんというニューヨーク在住の女性にお会いしたことがあります。彼女は、ピーター・ドラッカー博士に非常に信頼され、ドラッカー財団をつくる際には、ぜひ初代の代表にと、博士に三顧の礼で迎えられたという、世界的にも著名な女性リーダーの一人です。

彼女の著した本を読んだとき、一気に価値観が変わりました。「この人に会いたい！」と強く思ったのです。いろいろとつてを辿っていくうちに、ついにご本人とコンタクトがとれました。

それで、「1時間でも2時間でもかまいません。会えるのなら、ニューヨークに飛んで行きます」と告げると、「では、この日だったらディナーをご一緒できますよ」という嬉しい返事をもらえたのです。もちろん私は、そのディナーのために飛んで行きました。

翌日には、事務所にご案内いただき、そこで彼女が取り組んでいる仕事だとか、仕事の進め方など、いろいろ教えてもらえました。

海外用、国内用などと、行き先別にキャリーバッグを事務所の中に6つぐらい準備していて、精力的に世界を飛び回る彼女。96歳（２０１２年）という年齢が信じられません。実際にお会いしてみると、そのお人柄にさらにしびれ、魅了されました。

ご縁とはいえ、ヘッセルバインさんとお会いできたことは本当にありがたいことでした。やはりこれも、自分の中で重要事項、つまり会うべき人には会う、ということを、常に意識しているから可能になったのだと思います。

大事なことだとはわかっていても、現実的には他にやらなければいけないことが目の前にあるわけです。しかし、絶対にはずしてはいけないことだと決めていたら、それがたとえ1泊3日のニューヨーク行きだとしても、やはりそこは、はずさない。こういう時間とエネルギーの使い方というのを、自分の中で軸として持っていこうと決めています。

ただし、いつもそういうふうにはいきません。だからこそ、できるときにはやる。そう決めているのです。その決意、覚悟を定めるものが、「1年の計は元旦の前にあり」という考え方であり、習慣なのです。

第4章　思いを伝える力

●会話を拒否する挨拶とは？

お店やホテル、レストラン、銀行等々、入り口に足を踏み入れるやいなや、「いらっしゃいませ」と、よく声をかけられます。

無機質なトーンで言われることもあれば、満面の笑みでそう言われることもあります。ですが、どのような場合であったとしても、「はい、いらっしゃいましたよ」などとそれに答える人はいません。

多くの方は、とくに何も考えずに、黙って店内へ入って行くのではないでしょうか。

考えてみると、どこでも聞かれるこの当たり前の「いらっしゃいませ」という言葉には、返す言葉がないということに気付かされます。

つまり、サービスをする側は「いらっしゃいませ」と言ってお迎えをしているつもりでも、それに対して、きちんと対応できる言葉がないわけです。ちょっとキツイ言い方をしてしまうと、この「いらっしゃいませ」という言葉は、ある意味、会話拒否の言葉とも言えるかもしれません。

そんなバカな、と思われるかもしれませんが、実際に自分が、いろいろなところで「いらっしゃいませ」という言葉をかけられたときに、何と答えるべきなのかと、あらためて考えてみてはどうでしょう。

あなたが「いらっしゃいませ」という言葉をかける立場にいるとしたならば、かけられた相手は、それをどう受けとめているのか、ちょっと考えてみてください。もしかしたら、まったくこちらの存在には気付いていないかもしれません。

サービスとは言いながら、そのじつ、何ら相手の心を動かすもの、つまり、感動というものが見当たらないわけです。

では、そのようなときに、気持ちの良い笑顔と声で「おはようございます」「こんにちは」「こんばんは」「お元気ですか」と、そんな挨拶《あいさつ》があったとしたならどうでしょう？

言われた側も思わず、それに答えたくなるのではないでしょうか。あるいは、言葉には出さなくても、そちらを向いて笑顔で会釈をしたくなるかもしれません。

「いらっしゃいませ」を言ってはいけないということではありません。

そのあとに一言、「おはようございます」「こんにちは」「こんばんは」等々、そういう一言を添えてみる。それにより、相手の心にあともうちょっとだけ近づける、そういうことができるということをぜひ知っていてほしいのです。

ます。

●リーダー失格研修セミナー

日本を代表するある大きな銀行には、社内で上司を評価する仕組みがあります。同じ部署の行員が上司をチェックするわけです。そして、減点の数が、リーダーとしていかがなものかというレベルになったときには、研修所に送り込まれるというシステムになっています。

そこで開催される研修の内容とは、一言でいうなら「リーダー失格研修セミナー」です。私の師匠でもある大久保寛司《かんじ》さんが講師を務めていたのですが、あるとき、「高野さん、お手伝いで来る？」とお声がけいただいたことがありました。「リーダーとしていかがなものか」という評価を受けた人たちが集まる研修ですから、これは得難い経験の場です。もちろんカバン持ちで参加させていただきました。

14名の取締役の方は、立場上はただ者ではない人たちです。誰一人、来たくて来ているわけではありません。しかし、たまたま自分の部下の評価がそうであったから、しかたなく来ているのです。当然、最初から研修の雰囲気は険悪です。誰も目を合わせようとはしません。

このような状況で進めていく研修というのは、いったいどんなものなのか？　どうやって進めていくのだろう？　そう考えながら座って見ていました。

「やはりみなさん、30年もこの道一筋でいろいろな人を育ててきたという思いのあるなかで、この評価は嫌なものですよね」

そう講師が切り出すと、とくにひどい評価を受けていたある方が言いました。

「冗談じゃないよ、まったく。オレは何人の部下を育ててきたと思っているんだよ。それが、何だよこの評価」

この方は、評価が書かれた書面を家に持って帰り、「どれだけオレの世話になっていると思っているんだ、どれだけあいつらの面倒をみたかわかるか」と、奥さんにぼやいたそうです。

「どうしたの、何が書かれているの」と奥さんが言うので、渡したところ、「あら、全部当たっている！」と言われたそうです。しかも、「私も書いておくわ」と、もう2項目くらい追加されたということでした（笑）。さすがにこれ以上落ち込む場がありません。

「冗談じゃないよ、この2つ見てくれよ。かみさんまで書いたんだよ！」

そのように訴える彼に、講師である大久保さんはこう応えました。

「そうですか、なかなか手厳しいですね。でも、これがあなたの実像ですね」

スパッとそう言い切ったのです。

見ているこちらはハラハラものです。しかし、たしかにそのとおりなのです。自分が自分をどう思っているかということと、周囲が自分をどう見ているかということの2つは、なぜか違うことのほうが多いものです。自分ではそういう性格ではないと思っていても、不思議と周囲はずっとそのように捉《とら》えていたりします。

たとえば、小中学校で何かイベントをしようとなると、「○○さんが会計係だよね」と会計係を任される子がいたり、「ものを作るときはあの子とあの子だよね」と周囲に自然にそう思われてしまっていたりするのはそのよい例でしょう。

当の本人は、「会計なんて、こんな面倒くさいことはやりたくないのに」と思っていても、周りから見ると、「会計を任せて安心なのは○○さんだ」と思われているケースが多いのです。

不思議なことですが、自分が思っている自分というのは、他人から見たものとは違っていることが多いというのが現実です。しかし、ほとんどの人がこのことに気が付いていません。そのため、「冗談じゃないよ」というぼやき節も出てきてしまうわけです。

●伝えたいことは数パーセントしか伝わらない

自分の何が相手に伝わらないのか？　どうして伝わらないのか？　これは、わかっているようでなかなかわからないものです。伝え方というのは難しいものですが、それ以上に受けとり方はもっと難しかったりします。だからこそ、伝え方で工夫するしかありません。

相手は自分が話したことをそのまま受けとってくれるはずがない。自分が伝えようとしたことのおそらく数パーセントしか伝わらないだろう。そんなふうに考えてみると、どういう伝え方をしなければならないのかが見えてきます。

たとえば、福沢諭吉《ふくざわゆきち》さんのエピソードには、たくさんのヒントがあります。

諭吉さんといえば、慶應義塾《けいおうぎじゅく》の創設者であり、『学問のすゝめ』を著した日本を代表する教育者です。そんな、伝えることのエキスパートである彼は、講演（講話）をする際、あることを心がけていたそうです。

それは、「障子の陰で、（何ら学問を学んでいない人、たとえば）お手伝いさんが縫いものをしながらこの話を聞いていても、ふんふんと頷《うなず》いてくれるような話し方をする」ということでした。

おそらく、人前で話をする機会の多い人には、これと同じことを心がけている人が少なくないのではないでしょうか。

そこまでかみ砕いて話しても、全てが伝わるわけではないということを意識して話していれば、自分が受けとる側になったときも、聴く姿勢ができてきます。

伝えるということ、伝えられるということ、自分がどうやって受けとめてもらいたいのか。このことを突き詰めていくと、「相手の気持ちに自分の気持ちを添える」というホスピタリティの原点にたどりつきます。

リーダーシップでも、自己成長でも、何でもそうですが、相手があって自分の成長があり、相手があってコミュニケーションが成立します。相手の気持ちに自分の気持ちを添えるということを抜きにして成り立つものは一つもありません。

ですから、自分で相手に何かを伝えるときの「伝える言葉」を持っているということが、とても大事になってきます。人の言葉ではなくて「自分の言葉」、相手に伝えるときにこういうふうに伝えたいという言葉を持っていることが重要なのです。そしてその言葉は、思いがあってこそはじめて発せられるものなのです。

●本気のおせっかいはホスピタリティになる

恵比寿《えびす》にちょっと変わったモスバーガーがあります。アルバイトにおじいさん、おばあさんが多いのです。この人たちは愛情を込めて「モスじい」「モスばあ」と呼ばれています。

今も忘れられない、「モスばあ」の話があります。

ある日のこと、そこのお店で待ち合わせをしていると、一人の若い女性が店内に入って来るのが見えました。

「モスバーガーください。トマト多め、ケチャップ多め、タマネギ抜きで」

彼女は、そうオーダーしました。どこにでもある普通のオーダーです。

このとき、モスばあが返した答えが普通ではありませんでした。

「タマネギ嫌いなの？　好き嫌いはダメよ、あんた独身でしょ、これから結婚して旦那《だんな》さんの助けになるのに、好き嫌いしていちゃダメでしょ。火を通しておいてあげるから食べてごらん」

彼女は、あっけにとられながらも、「はい」と答えていました。

テーブルに着き、モスばあ特製のハンバーガーを食べる彼女。私はすこし離れたところに座っていたのですが、彼女の目に涙が浮かんでいたのがわかりました。

きっと東京で一人暮らしなのでしょう。食事も一人でハンバーガーだけという日も多いのでしょうか。おそらく彼女は、モスばあが言ってくれたようなことを、長い間耳にしていなかったのだと思います。きっと嬉《うれ》しかったのでしょう。

一見、チャラチャラした感じの女の子だったのですが、食べ終えると、カウンターに行って、「美味《おい》しかったです。ごちそうさまでした」と、きれいな言葉できちんとお礼を言いました。

「また来ますので、タマネギお願いしますね」

「またいつでもいらっしゃい！　でもハンバーガーばかり食べてちゃダメよ！」

モスばあは笑顔で応えました。

「お店の人がそんなこと言っていいんですか」

「そうね、店長には内緒ね」

何だかとっても微笑ましい光景でした。

彼女は、単にハンバーガーを食べるためにこのお店に来ただけだと思います。しかし、帰りは元気になって帰って行きました。これこそコミュニケーションの力でしょう。

人の心の中には、エネルギーを起こす思いの力があります。その思いを言葉にして本気で相手にかけたのなら、それはちゃんと伝わるものなのです。

モスばあのとった行動は、普通に考えたらおせっかいな行為です。しかし、本気のおせっかいはホスピタリティになるのです。

本気にならないと中途半端になってしまい、結局それは余計なお世話で終わってしまいます。

「この人、本気だな」と感じたら、うるさいという思いのほかに、「この人は何でこんなに本気なのだろう」という思いが、胸の奥からグッと湧いてきます。つまり、感動するのです。この瞬間、その相手に興味が湧いてきます。

「何でだろうな、この人こんなに真剣になって……。自分のせいかな、この人のせいかな、この人の性格なのかな」等々、そういう思いが湧いた瞬間に、次のコミュニケーションにつながっていくわけです。これは言い換えるなら、相手に思いが伝わったということに他なりません。

●「そもそも」はマジックワード

ある研修で、カナダのケベックにある音楽学校の話を聞いたことがあります。

あるとき、ヨーロッパからとても有名な音楽家を招いて演奏会をしたことがありました。

そのとき先生は、わざわざ座席を50席分、自分の生徒のために確保したのです。ところが当日、50席の半分は空席という状況でした。

なんと、半分の生徒たちは、「近くのショッピングセンターで買い物をしています」と言うわけです。

「何を言っているんだ、高いお金を払っても聴けない人がいるなかで、うちの生徒は何を考えているんだ！」先生は激怒しました。

そして、この顚末《てんまつ》を家に帰ってから奥さんに話したのです。

「なるほど、そういう状況だったのね」と言うと、奥さんは、こう続けました。

「あなたには3つの選択肢があります。怒りにまかせて明日怒鳴り散らすこと。今後、この生徒らを無視すること。もう一つは、この参加しなかった生徒たちの可能性を引き出してあげることを考えること」

それを聞いた先生はだんだん冷静さを取り戻し、その夜は、自分なりにこのことを考えてみたのでした。

そして翌日、彼は生徒を前にしてこう言いました。

「昨日はとても素晴らしい演奏会がありました。でも、25人の人は来ませんでした。これはまったくもって私の責任です。あれだけ素晴らしい演奏を聴かないことがどれだけマイナスになるかということを、伝える力がなかった私の責任です。本当に申し訳なかった。許してくれ」

つまり、謝罪したのです。では、その後どうなったのか？

演奏会に来なかった生徒たちの背筋はビシッと伸び、これまで以上に練習に励んでいったそうです。

じつはこの先生の奥様は、コーチングの指導者だったのです。たまたま奥様がコーチだったことで、この先生は考えるきっかけができたわけですが、人はなかなか自分一人では冷静に考えることはできないものです。

誰もがコーチングを受けられる機会があるわけではありませんが、このような考え方をする習慣を持つことは、誰にでもできます。

そのときのキーワードが「そもそも」です。

私も実践しているのですが、頭の中でいろいろなことが混乱しているとき、時々カーッとなったとき、「そもそも自分は誰に何を伝えたいのか？　それは何のためか？」と、本質的に自分は何をしなければならないのかを考えるのです。

この先生の場合でいけば、「そもそも」自分のすべきことは、「大事な生徒たちの将来の可能性を伸ばしてあげることだ」と、奥様の一言で気付いたということになります。

行き詰まったとき、どうしようもないとき、頭の中がぐしゃぐしゃになったとき、「そもそも」自分が大事にすべきことは何なのかということを考えていくと、人は意外と冷静になれます。「そもそも」というこの言葉が、自分を原点に連れ戻してくれるからです。

怒っている自分を「あ、怒っているな」と第三者の視点で俯瞰《ふかん》するのは、現実的にはかなり大変なことでしょう。だからこそ、このような習慣を持つことはとても大切だと言えます。

●言葉を大切に使う

世の中には、かけてはいけない余計な言葉というものがあります。しかし私たちは、往々にして、そういった言葉を何気なく使っていることもあります。

当たり前のように使っている言葉でも、それが相手にどんな印象を与えてしまうかということを、自分の中でチェックするポイントを持っていなければなりません。

ホテルの玄関に、大きなスーツケースを持った人が来たとします。「こちらにお泊まりですか？」と聞く必要はないはずです。しかし、ほとんどのホテルマンはそう声をかけてしまいます。「ご飯を食べに来ただけです」と言って、大きなスーツケースを持ってくることはまずありません。

「ようこそお越しくださいました。お疲れ様でした」というように、少しだけ言い方を変えるだけで伝わり方が違ってきます。万が一、宿泊ではない場合でも「いや、東京を去る前にバーで一杯飲みたくてね」などと会話が続きます。

リッツ・カールトンでは、誰もが普段何気なく使っている言葉を、ちゃんと考えて使うようにしています。そのためには、言葉の持っている意味というものをとことん突き詰めて考えるのです。

たとえば、クレドカードには、「私は強い人間関係を築き、生涯のリッツ・カールトン・ゲストを獲得します」という言葉があります。どうということのない文章です。

しかし、なぜ「私たちは」という言葉で始まらないのかを考えると、そこに大きな意味があることに気付かされます。

「私は」という言葉からスタートすることによって、その人の人格がリッツ・カールトンを代表すること、会社のブランドと個人の感性がコラボすること、それを考えてもらうわけです。

「私たちは」と言うと「連帯責任」になってしまいます。「連帯責任」だとどうしても責任の所在が曖昧《あいまい》になるため、無責任になりがちです。そのため、仕事をしていくうえで、自分の責任の最終的なとり方も見えなくなってしまいます。

しかし、「私は」と言った瞬間、「自分がしなければいけないことは何か、自分が表現しなければならないこと、自分が提供できる価値は何か」を考えなければならなくなります。このように、何気なく使う言葉というものを、一つひとつしつこいくらいに正確に捉えていきます。

私の地元の長野などではめったにないのですが、東京だとクリスマス時期の金曜日ともなると、ほぼタクシーが捕まりません。そういうときは、ホテルに行くわけです。お客様の動きが頻繁なので、少し待っていれば必ずタクシーがやってくるからです。

このとき、10軒のホテルがあったら、8軒までのドアマンがかけてくる言葉があります。

「こちらにお泊まりですか？」

この言葉からは、「泊まってもいないのに、タクシーだけ使う客」という言外のメッセージが伝わってきます。そのようなことを聞かれたとしても、「いいえ、たまたま今日は泊

まってはいませんが、以前に3回くらい利用したことがありまして」などと余計なことは言わないでしょう。

おそらくお客様は不愉快な気持ちになり、「二度とこのホテルには来たくない」と思ってしまうかもしれません。

●型の持つ力

普段から私たちは、相手をほどよく気遣う挨拶や言葉というものを、無意識のうちに使っています。

たとえば、ご近所さんがどこかへ出かけようとして玄関を出てきた際、こんなやりとりがなされます。

「おはようございます。これからお出かけですか?」

「ええ。ちょっとそこまで」

「そうですか。お気をつけて」

相手の行動を認識しながら、何らプライバシーを侵害することなく、相手の行動を気遣うことまでできてしまうというじつにスマートな対応です。これは何かと言うと、「型の持つ力」に他なりません。人間社会には、互いの生活をスムーズにしてくれる「型の持っている力」というものがあるわけです。

ホテルマンをしていると、マナーについて質問を受ける機会が多いものです。なかでも、けっこう頻繁に聞かれるのが、葬儀の際のふるまいです。ホテルでお別れの会や偲《しの》ぶ会を行うケースが増えているからです。

「挨拶をしなければいけないとき、何か儀礼的なものってありますか?」

「具体的に、親族の方にはどうお声がけをしたらいいんでしょうか」

葬儀に参列される方には、故人とかなり親しい関係にあった人もいれば、さほど親しくなかった人もいます。しかし、どのような関係にあったとしても、ホテルマンとしての答えは一つしかありません。気落ちされているご遺族におかけする言葉、それは、

「ご愁傷様でした」

この一言です。

故人をよく知っているからといって、そこに行って「大変でしたね。お気持ちよくわかります。でもね彼はきっと……」などと言うのは控えるべきでしょう。言われれば言われるほど、相手側は苦しくなるからです。

さらりと「ご愁傷様でした」の一言だけにして、あとは「時薬《ときぐすり》」が効いてくるのを待つのです。そして、１か月から２か月ほど時間がたったときに、その人に会って、「何か力になれることはありませんか？」というふうに寄り添ってあげるのです。

日本人というのは、こういった「型の持つ力」によって、自分たちの毎日の生活を楽に暮らす、円満にすごす方法を身につけてきました。

普段の生活においても、型の持つ力というものをより深く理解すると、対応力もどんどん身についてきます。それにより、自分も周囲も、より心地よく暮らしていくことができるようになります。

●小さな言葉遣いが大差を生む

ホテルでの仕事は、想像力の差が歴然と出ます。想像力がないホテルマンというのはあり得ませんが、想像力の弱いホテルマンというのは存在します。

ホテルマンにも、おもしろい仕事ができるホテルマンと、そうでないホテルマンがいます。「何が違うのかな」と思いながらみていたところ、それは物事を想像する力の違いによるものだということに、ある日ふと気付きました。

想像力のたくましいホテルマンというのは、じつにおもしろい仕事をします。一方、想像力の乏しいホテルマンは、マニュアル頼みの一皮むけない状態から抜け出せません。

想像力というのは、たしかに、持って生まれた才能のような部分もあるのかもしれません。しかし、才能がなければ想像力は身につかないのかといえば、それは違うと思います。

ではいったい、物事を想像する力というのは、どうしたら身につくものなのでしょうか。そもそも、どういうところに出発点があるのでしょう？

じつは、言葉をどう使っているかということをみるだけで、その人の想像力というものがみえてきます。たとえば、ある朝、ご近所のお子さんが、学校に行く途中にあなたと会い、挨拶をしたとします。

一人は、「おはようございます。学校に行ってきまーす」と言いました。

もう一人は、「おはようございます。学校へ行ってきまーす」と言いました。

あなたはどのように対応しますか？　その前に、この2つの違いにお気付きでしょうか？

普段から想像力を発動させ、言葉の一つひとつに意識を向けている人なら、すぐに気付いたことでしょう。

「学校に行ってきまーす」

「学校へ行ってきまーす」

パッと耳にしただけでは、同じような印象を覚えてしまいます。そのじつ、何かが根本的に違っています。

つまり「学校に行ってきまーす」というときには、何をしに行くのかの目的があります。もちろんそれは、勉強や運動等々、学ぶために行くわけですから、「おお、しっかり勉強してこいよ！」と声をかけ、子どもを送り出すことができます。

一方、「学校へ行ってきます」には、明確な目的がありません。「へ」は場所や方向をさしているだけだからです。ですから、「おお、学校へ行くのか。何しに行くんだ？　今日、何かあるのか？」ということにもなってしまいます。このように、ちょっとした言葉の違いからでも、生まれてくるやりとりはまるで違ってきます。

言われてみれば、「たしかに」と納得することに違いありません。「そんなとるに足りないことをいちいち意識していたところで……」と思うかもしれませんが、じつは、こうした何気ない意識や行為こそが想像力を磨いていくのです。

言葉を少しだけ変え、情景を想像する意識を持ち、自分の中身を豊かにしていくことで、想像力はどんどん鍛えられていくということです。そしてそれが仕事にも生きてくるし、結果的に、「おもしろい仕事のできる人間だ」ということにもなるわけです。

第5章　一流と呼ばれる人たちの感性

●絆の糸をつむぐ

ホテルのルームサービスにとって朝9時といえば、朝食の準備に追われるじつに忙しい時間帯です。

そのようなときに電話をかけてきたお客様が、「この夜食メニューのきつねうどんなんだけど、今この時間はムリだよね」とおっしゃったとします。

夜食メニューというのは通常、夜中の12時から朝6時までです。となると、お客様はすでに3時間も遅刻をしていることになります。

このようなとき、ほとんどのホテルは、「申し訳ありません、きつねうどんは深夜メニューなので、通常の朝食メニューからお選びいただけますか」と対応します。

それはお客様だってわかっていることです。それでも、きつねうどんを食べたいなと思っているわけです。

社員としては、「申し訳ありません」と謝罪し、会社が決めたルールにのっとって対応しているだけです。何も間違ったことをしているわけではありません。

しかし、お客様にとってはどうでしょう？　きつねうどんを食べられないことに変わりはないのです。こういった対応は、会社のルールで決めたことであって、お客様の都合で決めたことではありません。

こんなふうに、お客様というのはいろいろな形でホテルのスタッフに毎日絆《きずな》の糸をなげかけてきてくれます。時間外のきつねうどんのリクエストといったこともあれば、時には、苦情という形でくるときもあります。この絆の糸を丁寧につなぐのも、あっさりと断ち切ってしまうのも、じつは現場のスタッフの判断なのです。

マニュアルに忠実なスタッフであればあるほど、会社のためにそれを守ろうとします。しかし、ここで少し考えてみましょう。

「きつねうどんが食べたい」という、これはお客様の一つのメッセージではあるわけですが、じつは、そこにはもう一つのメッセージが含まれていることに気付かされます。

それは、「どうか私にお金を使わせてください」ということです。

ですから、この事例のスタッフの返事というのは、「申し訳ありません。うちのホテルが決めたルールどおりにお金を使ってください。そうすればお金を受けとりましょう」、そう言っているのと同じことになります。

絆の糸を大切にするということは、ホスピタリティを実現する第一歩です。そしてそれは、会社にとって大切な収益にもつながっているのです。ここまで考えて行動できるのがプロのビジネスマンなのです。

●手洗いシンクに水滴のない会社

時々私は、師と仰ぐ方、メンターに会いに出かけます。そのような方々はみなさん、いい「力」、いい「気」を持っています。お会いし、お話をしていると、自然と自分の中に新しい空気が入ってきます。

先に述べた伊那食品工業の塚越会長もそのお一人です。とても大きな存在です。お話をしているうちに、心の中に空気清浄器をつけたかのように、「あ、こんなに汚れていたか」「けっこう自分の中にホコリがたまっていたな」と感じられる程、とても心がスーッとします。

伊那食品には何度も訪れたことがあるのですが、いつも驚かされることがあります。まず一つが、トイレに行ってもニオイがしないことです。それから、トイレの床に水滴が落ちていないことです。男性が時々ポロッとこぼすシミもまったく見当たりません。

そしてこんなメモが貼ってあります。

「便器にズボンがくっつくまで近づきませんか」

さらには、手洗い場のシンクにも水滴がありません。

これらの理由の一つには、誰もが丁寧にトイレを使用しているということがあります。汚れていないところは汚しにくいのです。逆に、汚れているところに行くと、あまり汚れが気にならなくなるので、「ま、いいか」という感覚で汚し続けるのです。だからどんどん汚れていきます。

全然汚れていないところに行って汚すというのは、なかなか勇気がいるものなのです。自分の居住まいが正されるからです。だとしても、ちょっとこぼしてしまったシミ、あるいは、手を洗ったあとにシンクについた水しぶきを拭《ふ》く、というお客様は少ないと思います。

あるとき、応接室でお話をしていると、「あ、高野さんちょっとごめんね」と言って、塚越会長がスッと席を立って手洗いに行きました。その日は、けっこう何度もそうやって手洗いに立つので、もしかしてご病気でもされているのかなと思い、「塚越さん、手洗い近くないですか？」と、何度目かのときに、戻ってきた会長にさりげなく声をかけてみたのです。

すると、「いや、見ちゃったからさ」と言われるわけです。

応接室の近くにあるトイレは、ちょうど会長から（トイレの入り口が）見えます。なんと会長は、お客様がそこのトイレを使うたび、その後、自分でシンクの水を拭きに行っていたのです。

伊那食品では、トイレの掃除を含め、誰がいつどんなふうにということに関わりなく、汚れに気が付いたらその人がその場でやればいいと考えているのです。

「会長がやるからしょうがないからやる」などという人は一人もいません。現に、「会長に先にやられてしまった」と、スタッフの女性がとても恐縮していました。

「会長、私気が付かなくて」

「いいんだよ、見えるところに座ってたからさ」

と、これで終わりです。

これもやはり、トップが見せる気の働かせ方だと言えるでしょう。

また、伊那食品で講演や研修をされたことのある人ならご存知だと思うのですが、とにかく拍手が素晴らしいのです。講師に対して、割れんばかりの拍手を送ります。あれ程凄《すさ》まじい拍手をしてくれる組織を、かつて私は見たことがありません。とにかく、スタッフの誰もが本気で拍手をするわけです。

「こんなスゴイ拍手、どこの企業に行ってもありえないですよ」

するると、

「うん、うちは練習しているから」

会長は、サラリと答えていました。

研修でわざわざ来てくれる講師に対し、「我々がみんなでできるおもてなしって何だろう？」ということを考え、それは「最高の拍手をして感謝を示すことだ」ということで、練習して、本番では一生懸命に拍手をするのです。

「練習ですか？」

「当たり前じゃないの、礼儀でしょ」

これまたサラリと言われ、本当に腰が抜けそうになりました。

ホスピタリティだとかおもてなしだとか偉そうなことを語っている自分の浅さに気付いた瞬間でした。しかし、気付いたあとには、ものすごく新鮮でさわやかな気がスッと入ってきました。

相手のことを考え、拍手一つでもきちんと練習をする。謙虚に聞いて感謝の思いを伝えるというのは、「会社が持っている能力です。同時に社員が身につけるべき能力なんだ。

だから練習するんだよ」とのことでした。本当にスゴイ会社です。

●経営トップとしての「生き方」

今一番大きく変わりつつある会社はどこか？

これは、塚越会長の言葉をお借りすると、「某大手自動車会社」なのだそうです。売り上げにしても、会社規模にしても、伊那食品工業とは比較にならない程の巨大企業です。ところが、その企業の首脳陣が皆、長野の伊那に出向いて来て、塚越会長の話を聞いて帰って行くのだそうです。

そのことからしても、「あそこは本気で立ち直ろうとしている」と、塚越会長は感じたようです。

過去に、リコール問題だとか、いろいろなことがありながらも、決して隠ぺいせずに、すべてオープンにしてきたという経緯のある企業です。そのことだけでも評価できるわけですが、何度も地方の一中小企業に足を運ぶというのは、まさに本気のあらわれだと思わずにはいられません。

最初、「ぜひ、会長のお話を聞きに伺いたい」と、秘書室に連絡が入ったそうなのですが、受けたスタッフが相手の会社名を聞いてびっくりして、「あのすみません、うち伊那食品ですけど」と思わず言ってしまった程です。

しかし、伊那食品を普段からよく知る人にとっては、そのようなことがあっても不思議でも何でもありません。私自身も、十分に想定内のことだと思っているのですが、驚くべきは、この研修依頼が、直接そこの企業の本部から入ったということです。

アンテナとレーダーの確かさは素晴らしいと思います。実際にその企業の幹部の方々と接した塚越会長は、「謙虚さと覚悟」を感じたとおっしゃいました。

研修のときの写真を見せてもらったのですが、相手側は、全員、両手をビシッとズボンの脇のところに合わせて話を聞いています。一方の塚越会長は、「これどっちが偉いかわからないよな」と、ご自分でもおっしゃっていたように、どちらかというとリラックスされていて、偉そうな感じで写っていました（笑）。

たしかに、社会通念的にどちらが日本の経済に貢献しているかといったら、これは間違いなく相手側です。しかし、どちらが社員の幸せに、より貢献する経営をしているのかと言えば……。その企業のトップはそこに気が付いたのです。だからこそ、そのような立場にいる人たちでありながら、話を聞くときには両手をズボンの脇にピシッと合わせて聞いているわけです。

「謙虚さは最大の攻撃力」だと、塚越会長はおっしゃっていました。謙虚さが持つとてつもない迫力、相手に与える圧倒的な力ということを、このように表現されたのでしょう。

塚越会長曰《いわ》く、「あそこはこれからけっこうおもしろいことになるよ！」だそうです。相当のインパクトがあったのだと思います。

企業のトップとしての生き方、そのポジションにいる人間としての腹の決め方、腹を決めて何をするのか、それはとても重要なポイントです。何か役職がついたときに、その役職にあわせて自分本位なことをしようと考えてしまう人もいるものです。むしろ、そういうトップのほうが世の中には多いと思います。

しかし、そこで本来やらなければならないことは何かということを考えると、「この会社の成長を支える」すなわち、そこで働いている全社員の人生に責任を持つことです。

そのために今自分がするべきことは何か？　それが「聞くべき人の意見を謙虚に聞く」ことなのだから、立場に関係なく、謙虚に相手の話に耳を傾ける。某大手企業幹部たちは、それをやっているにすぎません。

「こんなにスゴイ人たちがやっているんだから、誰でもできるはずだよな。そう思わないか高野さん」

まったく、そのとおりだと思いました。

●女装家になった日

ホテルマン時代、私は、月に一度は散髪に行っていました。世田谷《せたがや》に引っ越して間もない頃、私は、ある一軒の美容室の前を通りかかりました。どうやら、オープンしたてのお店のようでした。

女性専門の美容室だと思ったら、チラリと男性客の姿が見えた気がしました。それで、「おや？」と思って店内をのぞきこむと、中にいた美容師さんと目が合ってしまいました。

その瞬間の、手を動かしながらも彼女が私に向けた笑顔というのが、とてもよかったのです。思わず私はドアを開け、「ここ男性もＯＫなんですか？」と聞いていました。

「大丈夫ですよ。お待ちになりますか？」と、これまたじつにいい笑顔で返ってきました。ただ、そのときは他に用事があったので、予約だけしてお店をあとにしました。

とても透明感のある彼女からは、面倒見が良さそうなオーラが出ていました。美人というより、チャーミングな愛くるしい感じの人でした。

約束の日に早速行ってみました。やはりオープンしたばかりで、「ぜひ、また来てくださいね」と笑顔で言われ、翌月も再びそのお店に行きました。すると、帰り際に「よかったら、高野さん、次回はお写真を持ってきていただけませんか」と言われたのです。

「写真を何に使うの？」と、不思議に思って聞いてみたところ、「それは秘密です」とにっこり。

「どんな写真が必要なの？」

「上半身から頭のてっぺんまであればいいです、顔がちゃんと写っていればそれでいいですから」

話をしていて、悪い子ではないと思っていたので、それを承知した私は、翌月、一枚の写真を持って美容室へ行きました。そして帰りに「こんなのでいいですか」と言って渡したのです。「完璧《かんぺき》です！」、彼女は満面の笑みで答えました。

その場で何かしてみせるのかと思いきや、彼女はその写真をそっと引き出しにしまってしまいました。あれれ、とは思ったのですが、何も聞かずにそのまま帰りました。

そろそろ次の予約を入れようかと思っていたある日のことです。彼女からハガキが届いたのです。裏側を見た瞬間、私の中のものさしは、宇宙の果てまで吹っ飛んでいきました。

腰を抜かしそうになるくらいおもしろいということがあるものですが、彼女のハガキがまさにそれでした。

そのハガキには、私がプリントされていたのです。寅《とら》さんが着るような衣装を身に着け、オレンジ色のかつらをかぶり、とても楽しい真ん丸のサングラスをかけ、口ひげをたくわえています。そして、その下に「そろそろですね？」と、一言だけサラリと書かれてあったのです。

今度行ったらこういう頭にしてくれるのかな？　などと考えると、もうおかしくてたまりません。「似合いすぎ！」と、家内も笑い転げていました。

次回は、美容室のドアを開ける前から笑いがこみあげてきてしかたなかったのですが、中に入っていくと、「気に入ってもらえましたか？」と、とびきり素敵な笑顔で出迎えられました。

会話の中で、私がホテルの仕事をやっているということを知り、「じゃ、高野さんは一生こういう格好はできないな」と思ったのでしょう。つまり、彼女はそうやって遊んでくれたわけです。

それからは、毎回毎回「お見事！」とヒザを打ちたくなるようなハガキ、というより作品が届きました。なかには、口紅をひいた、かなり危ない、お色気たっぷりの女装をした私もいました。

こんなふうに楽しく遊んでくれるものだから、他のお店には行けなくなってしまいました。結局、3年くらいそこの美容室に毎月通い続けました。

そこに行かなくなったのは、彼女が辞めてしまったからです。

じつは彼女には、保育士になるという夢がありました。子どもが大好きだという彼女は、美容師の仕事を続けながらも、保育士の勉強もしていたのです。

そして、ついに彼女の夢がかなうときがやってきました。とても嬉《うれ》しい反面、彼女がいなくなるのは淋しい思いでした。それでも気を取り直し、一言、お礼とお祝いを言おうと、彼女が辞める最後の週に花束を持って美容室に行ったのです。すると、店内は、お花屋さんかと見間違う程、たくさんの花でうめつくされていました。退職する彼女あてに届いた、感謝とお祝いの花々でした。

山ほど届いていた花を見て、「あのハガキをもらっていたのは僕だけではなかったのか」ということに、初めて気が付きました。

美容師が一人辞めるというときに、こんなにお花が届くというのは、通常では考えられ

ないことです。まさに圧巻でした。
人は、こういう仕事の仕方をすることもできるのです。単に髪を切るというサービスで終わるのではなく、まったく違うレベルでの仕事です。それは、自分のマインドの高さ、仕事に向き合う姿勢がそうさせるのです。毎日仕事をしていく中で、何を自分の中の価値として生きていくのかということが、非常に明確に見えてくるということです。
美容師の仕事をしてこれだけ多くのファンを作ってきた人が、保育士になって子どもたちの面倒を見始めたら、どれだけ楽しい保育園になるか。すぐにイメージができてしまいます。
「ゆくゆくは自分の保育園みたいなものをや

りたいんです」と話していたので、もしかしたら今頃はその夢をかなえているかもしれません。

残念ながら、何回か引っ越ししたこともあり、彼女との連絡は途絶えてしまいましたが、今でもことあるごとに彼女のことを思い出します。これは、彼女の感性が私のそれを上回っていたという証拠です。打ちのめされるくらいの感性を見せつけられると、人は絶対にその相手を忘れないものです。

私にはかなわない感性を持っていたのです。

とにかく、毎回美容室に行くのが楽しくてしょうがない。あの空間の中で、シャカシャカシャカというリズミカルな音が心地良くもありました。もちろん、この空間では彼女は遊べません。ホテルマンカットですから、遊ばれたら大変です。

そんな彼女が、「今度はどんな髪型でハガキをつくろうかな?」と、ニコニコしている姿を想像すると、「どんな仕事でも、いい意味で、遊ぶ方法、楽しむ方法はあるものだ」ということにあらためて気付かされるのです。

●リッツ・カールトンの流儀

ホテルに宿泊すると、よく便箋《びんせん》と封筒が用意されているのを見かけると思います。これが、高級ホテルになると、便箋にも封筒にも、あらかじめお客様の名前がプリントされていたりします。

部屋に入って、机の上に「Welcome Mr.Takano」と書かれたカードや自分の名前の入った封筒と便箋が置かれているのを見ると、「お、なかなか気が利くね」と、ちょっと嬉しくなるものです。

リッツ・カールトンにも、やはりウエルカムカードと便箋のセットはあります。ただし、リッツ・カールトンでは、ウエルカムカード以外は見えないように用意してあります。

つまり便箋とか封筒は、ステーショナリーセットの中に何気なく入れて、机の引き出しの中にしまっておくのです。

滞在中にお客様はもしかしたら、その引き出しを一度も開けることがないかもしれません。それでも引き出しの中に入れておくのです。

緊急時における案内など絶対に相手に伝わらなければならないものは確実に伝わる方法で準備をします。一方、名入りの便箋などは相手に伝わらなければならないものではありません。でも、気付いた瞬間には、「え！　こんなことをしてくれていたんだ！」という驚きが生まれるかもしれません。

これもまた仕事の中の遊びなのです。

つまり、ここでホテルマンは、「どうだろうか？　気が付かないかな？」と、自分たちがワクワク楽しんでいるのです。「お作りさせていただきましたー！」と言わんばかりに机の上にバーンと置いておくのではなく、そっとしまっておく。そういう奥ゆかしい余裕で遊んでしまうわけです。

この遊びは、自分の中の感性を磨く上で、非常に大事なことなのです。

「やっぱり気が付いてもらえないと意味がない」という人もいるかもしれません。しかし、「こういうのって何だかワクワクするね」と、仲間と一緒に進める仕事は、じつに楽しいものです。

また、「このお客様の名前の文字どういうふうにする」「筆記体がいいかな」「ニューヨークタイムズ風にしようか！」などと話をしているときに、じつは、作っている側の感性が伸びているのです。みんなで成長しているのです。

そしてこのことが、チームワークにおけるホスピタリティの共通言語をそろえていくのです。

たとえば、「大事のときには自分は力が出せます。いざというときには大丈夫です」と思っている人もいるかもしれません。でも実際には出ないものです。普段から何気ないことを大事にしない人に、いざというときに感性を発揮できるわけがありません。

だからこそ、毎日の積み重ねの中で、そういう感性のトレーニングをしていかなければならないのです。

心と感性の筋トレを毎日コツコツ続けていく中で、それを仲間と一緒にやっていく中で、「仕事」の共通言語化がみんなの中に起きる。すると、何も言わなくてもあうんの呼吸でできるようになっていきます。

そしてそのことが、楽しいときにも、万が一のときにも、大きな感動、成果、ときには奇跡と呼ばれるようなことまでを生んでいくのです。

●カメがウサギに必ず勝つ方法

「ウサギとカメ」の物語を覚えていらっしゃいますか。

ウサギとカメが丘の頂上まで競走をしたら、まさかの「カメの勝ち」に終わったというお話ですね。これをビジネス論理的に発想したのなら、ウサギはライバルを見ていて、カメはゴールを見ていたということです。つまり、ライバルを気にせずゴールだけを目指したカメはそこに到達できたのに対し、ライバルが弱いとわかるや油断してグッスリ寝てしまったウサギは負けたというわけです。

では、ビジネス論理的にではなく、リッツ・カールトンがこの物語を読み解くとどうなるでしょうか？

常識的に考えて、ウサギとカメが競走すれば絶対にカメは勝てません。そこで、必ずカメが勝てる非常識なレースを企画してしまうのです。

たとえば、海岸線にスタートラインをひいて、泳いで島を回ってくる。これならどうでしょう？　多少泳ぎに自信があるウサギでも、これは勝ちめがありません。

あるいは、1万年かかるレース。ツルは千年、カメは万年と言いますね。

笑い話のようですが、社内で商品やサービスを開発する際、じつはこれと同じ発想をするわけです。

とくにこの「ウサギとカメ」の物語には大きなヒントがあります。

海のレースにしろ、1万年かかるレースにしろ、それが発表された瞬間、カメはエントリーしますが、ウサギは降りる、ということです。

すなわち、圧倒的にリッツ・カールトンらしさを追求していくことにより、競合他社が降りてしまうレースを考えるということ。ガチンコ勝負をしないわけです。

ガチンコ勝負だと、「向こうのホテルは１０００円値下げしたらしい」「じゃ、こっちは１２００円でいくか」とか、「今度できたホテルは浴室のアメニティがエスティローダーらしい」「なら、うちはブルガリに変えるか」などとエスカレートしていきます。そうなると、お互いに利益が減っていってしまい、相手にも自分にも、何もいいことがないわけです。

だからリッツ・カールトンはガチンコ勝負ではない世界で新しい価値観を創ろうとするのです。つまり、勝ちにいくのではなく、負けないための舞台をつくるということです。そうすると、売ろうとしなくてもお客様が買ってくださる。考えてみればとてもシンプルなことです。

しかし、これを形にしていくためには、社員たちの中に、それを楽しむ価値観が必要です。それなしには、いいアイデアは浮かんではきません。

まったく違った舞台で仕事をする。相手が入ってこない舞台、相手が自ら降りて行く舞台を作る。価格競争、過当競争の渦に巻き込まれないようにするためには、誰もがやっていることを誰もがやらないレベルで考えてみるという発想が必要なのです。

●なぜモノが売れないのか？

「本当にモノが売れない時代になったね。どうしたらいいんだろう？」
「なぜうちにはお客様が来てくれないんだろうか？」
「なぜこの商品が売れないんだろう？」

最近はとくに、どこへ行ってもこうした話を聞くことが多くなりました。しかし、答えは簡単です。買う理由がないからです。

人は動きたいと思えるメッセージが伝わってこないときには、動こうとはしません。モノを買うときも同様です。わざわざ財布のひもをとくわけですから、ひもとく理由がなければ、当然それは開けられずに終わってしまいます。

ですから、「なぜ売れないのだろう？」と考えていても始まらないのです。自分の提供する商品なりサービスなりが素晴らしいものだったとしても、安くてお買い得なものだったとしても、それを買う理由が明確に相手に伝わらないかぎり、人は買ってくれないのです。

知人に、保険の世界ではカリスマと呼ばれている敏腕営業マンがいます。でも彼をみていると、それほど販売に力を入れている様子は見うけられません。もちろん営業力はあるわけですが、そのじつ、「買ってください」という言葉を聞いたことはありません。誰かにすすめている姿を見たこともなければ、営業されたという話を聞いたこともありません。

それでも彼は常にトップセールスとして活躍し続けています。なぜでしょう？

それは、彼がセールスに出向かなくても、相手側から「あなたから買いたい。あなたにお願いしたい」とわざわざやって来るからです。どうしても彼から買いたい、彼でなければダメだと思わせる何かがあるわけです。

あの組織でなければダメだ。あの会社でなければダメだ。あのホテルでなければダメだ。あの人でなければダメだ。そう強烈に思わせるものがないと、人は動かないし買おうとはしません。今はそういう時代なのです。

考えてみれば当たり前のことなのですが、こういう基本的なことが、ついつい毎日の中で、頭から飛んでしまう瞬間があります。

だから自分は人から、「あの」が付く人だと思われているのだろうか。「あの」が付くような仕事をちゃんとやっているのだろうか。普段から、そのことを考えてみることが大切なのです。

では、「あの」が付く人になるためにはどうするか？　それには、受け手が渇望しているメッセージに気が付いて、それを届けることができる必要があります。

消費者も、地域の人も、相手も、みんな、そういうメッセージを待っているのです。そのメッセージを売り手が届けてくれないから、買う理由が見つからないでいるのです。誰でも必ずその人が欲しいメッセージはあるものです。

相手が渇望しているメッセージに気付き、届けるためには、やはり想像力が欠かせません。自分の中の想像力を総動員しないと、その相手が待っているメッセージは見えてこないのです。

●駅前の放置自転車を一掃するには？

東京下町の駅前の放置自転車はすごいですよね。駐輪禁止の立て札の、その隣から堂々と停め始める人もいるようです。

テレビなどでもよく特集されていますね。では、自転車を停めさせないためにはどうするか？

東京のみならず、駅前通りの路上にはどこも「自転車は停めないでください」の立て札があります。リッツ・カールトン的な発想なら、ここで、「自転車を停めてください」と書いたらどうかと考えます。

すると、こんな文言が浮かんできます。

「アフリカに寄付する自転車を350台探しています。不要になった自転車があればここに置いてください」

これに、連絡先の電話番号を書き込むというものです。これなら、そこに置いてある自転車は、放置自転車ではなく権利放棄自転車になりますね。

そういう自転車を探している団体は、NPOなど、たくさんあります。でも、集まってくるのは、かえって修理にお金のかかるオンボロなものがほとんどだとか。ちゃんとした自転車が手に入らなくてみんな苦労しているわけです。駅前の自転車は活《い》きがいいですから（笑）、そのままどこへでも提供できてしまいます。

実際にできるかできないかは別として、たとえば、こんなふうに考えてみるわけです。これが、目の前にある景色を、他の人とは違った景色でとらえて見るトレーニングになるのです。

物事を違った景色でとらえる。これを英語で「パラダイムシフト」と言います。「価値観の劇的な変化」と言われるより、このように表現するとわかりやすいのではないでしょうか。

このように通常とは違った風景を描きながら、みんなでわいわい話し合いをしていると、想像力のスイッチがＯＮになるのです。

そしてその中で、思わぬアイデアが生まれてきたりするのです。

●特需より目の前のお客様

長野市には、地元の方々にこよなく愛され、絶大な支持を受けているタクシー会社があります。

１９９８年、ここ長野で20世紀最後の冬季オリンピックが開催されました。当時はどの地元企業も特需に思いを馳《は》せ、沸き立っていました。当然、タクシー会社にとっても、大きな利益があげられる千載一遇のチャンスです。

事実、世界各国の報道機関が、破格の値段で市内すべてのタクシー会社を借り上げ始めていました。そんな中、山手の小さな社屋が本社である「中央タクシー」にも、たくさんの予約が舞い込み始めていました。

ところが、目前にせまったオリンピックに誰もが心奪われていたある日のこと、突如として中央タクシーは、まったく予想外の行動に出たのです。

「オリンピック開催中、いつも俺の車で通院しているじいちゃんやばあちゃんはどうするの？」

きっかけは、一人の従業員のこの発言でした。

その瞬間、宇都宮恒久《うつのみやつねひさ》会長は、「頭を殴られたような衝撃を覚えた」と言います。そこで、全社員に問いかけるのです。特需をとるか、いつものお客様をとるか。

結果は満場一致で、「いつものお客様を大事にしよう」でした。

こうして中央タクシーでは、報道陣からの予約をお断りして、オリンピック期間中も通常通りの営業を続けたのです。

オリンピック開催中の売り上げは、競合他社と比べ最下位でした。

しかし、中央タクシーのこの大胆な決断は、決して間違ってはいませんでした。

オリンピックが終了すると、一転、売り上げが目に見えてアップしていったのです。

中央タクシーの英断は、病気を抱えた人たちや高齢者の方々にとって、どれほどありがたいことだったでしょう。以前にも増して支持が伸びたという現実は、そうした市民や地元企業の感謝のあらわれに違いありません。

会社本来の目的に立ち返り、従業員の心の声に耳を傾けた会社。

日常の業務を通し、仕事の意義を意識しながら真摯《しんし》な思いで働いている従業員。

そして、この両者の間に築かれた迷いのない信頼という絆、そこから生まれる仕事への誇り。

ホスピタリティという感性は、行動を伴い、形となって目の前に現れてきたとき、はじめて大きな説得力をもって人の心に迫ってきます。

中央タクシーのこのエピソードは、そのことをあらためて考えさせてくれました。

●君たちはなぜ就職できないのか？

最近、大学生に講義をさせてもらうことが多くなりました。どこでもだいたい「ホスピタリティ」という言葉が入った演題が用意されています。

「ホスピタリティに根ざした人間形成について」などと書かれているわけです。

学生にとっては何ともお堅いタイトルだと思いませんか。やってくる学生たちの顔を見ても、あまり楽しそうではありません。実際、このタイトルで講義をされたとしたら、おそらく誰もが、聞いている途中で眠ってしまうでしょう。

それで、教授に相談してタイトルを変えてしまうのです。講義の時間は学生にとって大切です。その大事な時間に寝られてしまうと、悔しいという思いもありますが、やはりもったいないと思うわけです。

このときのコツは、「このタイトル、少しだけ変えていいですか？」と聞くことです。そして、少しと言っておきながら、全部消して書き直すのです（笑）。

新たなタイトルは、「君たちが就職できない理由」。じつはこの講義タイトルは、私がかつてお世話になった長野市の故平野稔《みのる》氏の私塾のテーマでした。

教授やその周辺がざわざわし始めるのですが、話がスタートすると人間形成に全部つながっていくということがわかります。

「なぜ就職できないか。自分の想像力を働かせてみようよ」

「絶対に会社が放っておかない、会社から放っておかれないような人って、どういう人だと思う？」

「この人は絶対に必要だ。そういうオーラを自分は出していると思う？」

そういったテーマを投げかけていくと、最初はあまり関心を示していなかった学生さんも、だんだんスイッチが入ってくるのがわかります。

長野で開催している「寺子屋百年塾」に、数年前、一人の女子大学生が参加してくれました。とても熱心で、見事に1年間、東京から通って来られました。それだけでもすごいことなのですが、話はそれだけではないのです。

就活の時期になったとき、「仲間が50人いるのだけれども、この50人にも高野さんの話を聞かせたい」ということで、スタッフをそろえ、私のところへやってきたのです。

とりあえず私は、彼女を拙著『リッツ・カールトンが大切にする サービスを超える瞬間』を発刊した「かんき出版」の境社長（当時）に紹介しました。すると数日後、彼女はセミナールームを借りたからと私を呼んでくれました。

もちろん私は、手弁当で飛んで行きました。

これはあとで聞いたのですが、セミナールームはかんき出版が無料で提供してくれたそうです。ただ会場には50人分の椅子がなかったので、レンタルで椅子を調達したとのこと。そこで彼女は、学生たちに「自分が座る椅子代ぐらいは払ってね」と参加費として100円ずつを集め、かんき出版に支払ったそうです。

仲間たちに、自分が感動した話を聞かせてほしいと行動した彼女の思いに、私は心底感動しました。

こうした発想を持っている人にはオーラがあらわれるものです。絶対に会社が欲しがります。

1年間「寺子屋百年塾」において、いろんな知恵や感性を身につけてきたのですが、それをひとりじめしないというところが彼女の素晴らしさなのです。

「あの話はよかった。自分の仲間にも提供したい、共有したい」と、そういうところまで自分の想像力が及んでいるわけです。

その後、彼女は複数のホテルから内定をもらいました。

まだ就職が決まらないといって多くの学生たちが悩んでいるときに、彼女は、老舗ホテル、外資系ホテルなどから内定をもらったのです。

最終的には、東京の一流老舗ホテルに就職することを決めたのでした。

●彼女が老舗ホテルを選んだ理由

いずれ劣らぬ内定の中から、彼女はなぜそのホテルを選んだのでしょう？

これもまた「彼女の想像力のなせる業」でした。

もちろん彼女はそれなりに悩んだようです。私も相談にのったことがありました。

「どこにしたらいいと思いますか？」

「それは君の人生だから、君自身で考えてみて。でも、考えて結論を出すときには、ちゃんと自分が納得できる理由があるかどうかというのが大事だよ」

その後、彼女は一生懸命考えて、自分なりのベストな答えを見つけたのです。

彼女の中には、「将来的に自分の理想とするエコホテルを経営したい」という思いがありました。そこで調べてみたところ、外資系ホテルには中途採用枠があることがわかりました。リッツ・カールトンも同様です。一方、日本の多くの老舗ホテルには中途採用がなかったのです。まったくないわけではありませんが、非常に狭き門なのです。基本的には新卒採用、真っさらの状態から育て上げていくわけです。

彼女はこう言いました。

「この老舗ホテルに入社できるチャンスはおそらく今回しかありません。でも、○○リゾートも外資系ホテルも、頑張って力を付けていったら、中途でも採ってくれますよね？」

「そうだね」

「なら、まずは老舗ホテルで経験を積み、力をつけてきます」

じつにわかりやすい発想でした。

自分の人生において、何といつ、どう関われるのか。どんな力をつけていったら、何が起きるか。それなら、今やらなければいけないことは何か。こうした流れを考え、「今はこの会社に入る」という自分なりの答えを見つけたのです。見事としか言いようがありません。想像力の原点というものを見せられた気がします。そして企業というのは、そんな想像力豊かな若い感性を待ち望んでいるのです。

エピローグ――隗《かい》より始めよ

おもてなしという言葉を聞いて、みなさんはどのような状況が目に浮かんできますか？　旅館の女将《おかみ》さんや仲居さんが、かいがいしく食事の準備をしたり、布団を敷いたりしている姿でしょうか？　それとも、ホテルのドアマンが、お客様の車のドアを開けたり、玄関のドアを開けたりしている姿が浮かんでくるでしょうか？

リッツ・カールトンで仕事をしているときに、私はあることを考えていました。

おもてなしの心を素直に表現できるホテルマンと、どうもうまく表現できないホテルマン。その違いがどこからくるのか？　ということです。

そしてそれは、ほんの小さな習慣の違いから生まれる違いであることがわかりました。

また、違いを生み出す違い、それを解くカギは、リッツ・カールトンのスタッフに対する、こんな問いかけにあります。

「あなたはこの2、3週間に、身近な人を喜ばせるためにどんなことを何回しましたか？」

いかがでしょう？　ちょっと周りの身近な人のことを思い出してみてください。

親友が免許を取った、試験に合格した、結婚した、子どもができた。知人の髪型が変わった、新しい服を買った、あるいは、何かの大会で優勝した……いろいろあるはずです。

では、それを知ったとき、あるいはそれに気付いたときに、あなたはどうしましたか？　直接会って祝った、電話で話した、もしくは、最近はメールで自分の思いを伝えたでもいいのですが、そういったことを何かしましたか？

何も、パーティや会食をしなくてはいけないわけではありません。「よかったね」「おめでとう」「すごいね」「似合うよ」と、たった一言自分の思いを伝えるだけでいいのです。

普段から、家族や同僚、周囲の人たちに対して、そういう一言を言えない人が、イキイキとした仕事をするホテルマンになれるはずがないのです。

この本をお読みくださっているあなた自身も、新しい服や靴を買ったとき、あるいは、ヘアスタイルを変えてみたとき、それに気付いて褒めてくれる人がいたら、おそらく悪い気はしないはずですね。

それならば、まずは自分から先に気付いてあげて、積極的にそういった嬉《うれ》しい一言をコメントしてみるというのはいかがでしょう。日常の何気ない生活の中で、そうやって相手のことにちょっと気付いてあげて、コメントをしてあげる。こうしたことは、自分の中の感性を育てていく非常に大きな要素になっていきます。

ホスピタリティの感性を身につけるということは、誰にでもできることです。そして、そのためのヒントは、日常にたくさんあるのです。だからこそ「隗より始めよ」なのです。家族、同僚、友人知人等々、ぜひ身近な人たちに心を寄せ、言葉をかけてみてください。あなたの人間関係や人生が、さらに豊かなものになっていくことは間違いありません。

平成25年5月

高野　登

協力／ザ・シチズンズ・カレッジ

高野　登（たかの・のぼる）
1953年長野県戸隠生まれ。ホテルスクール卒業後、ニューヨークに渡り、NYプラザホテル、LAウェスティンボナベンチャーホテル、SFフェアモントホテルなどでマネジメントを経験。90年、サンフランシスコのリッツ・カールトンの開業に携わる。93年にホノルルオフィスを開設。翌94年に日本支社長として帰国。97年に大阪、2007年に東京の開業をサポート。09年、長野市長選出馬のため退社。現職に651票差に迫るも惜敗。10年、人とホスピタリティ研究所設立。

イラスト／庄司　猛

リッツ・カールトン　至高《しこう》のホスピタリティ

高野《たかの》　登《のぼる》

2013年 5 月10日　初版発行
2015年11月30日　4 版発行

発行者　郡司 聡
発　行　株式会社KADOKAWA
東京都千代田区富士見 2-13-3　〒102-8177
電話　03-3238-8521（カスタマーサポート）
http://www.kadokawa.co.jp/

編集協力　鈴木ゆかり
装 丁 者　緒方修一（ラーフイン・ワークショップ）
印 刷 所　暁印刷
製 本 所　BBC

角川新書

ISBN978-4-04-110465-1 C0295

KADOKAWAの新書 好評既刊

目標未達でも給料が上がる人
福田 稔

なぜ、自分よりあの人が評価されるのか。会社の人事評価に理不尽さを感じ、不満を持つ人は多い。実は、目標〝達成〟より目標〝設定〟のほうが大切。人事評価のカラクリと評価を一段階上げるための戦術をまとめた。

しんがりの思想
反リーダーシップ論
鷲田清一

縮小社会・日本に必要なのは強いリーダーではない。求められているのは、つねに人びとを後ろから支えていける人であり、いつでもその役割を担えるよう誰もが準備しておくことである。新しい市民のかたちを考える。

危険ドラッグ 半グレの闇稼業
溝口 敦

発売1カ月で使用者15人が死亡した「ハートショット」など、劇薬化する危険ドラッグ。なぜ蔓延したのか？ 撲滅は可能か？ 世界的な薬物事情や公的機関の対策、製造・販売業者への直接取材から、その全容に迫る。

東大医学部生だけが知る超・知的生産法
岩波邦明

教育ベンチャーで執筆・講演活動などを行いつつ、東大医学部の非常にハードな学習をこなし、単位を一つも落とさなかった著者が実践している、短期間で最大限の成果を出すためのメソッドを紹介。

老いを愉しむ老境の心理学
渋谷昌三

人間の発達は何歳になっても続くことがわかっています。何歳になっても、いまの自分にさらに磨きをかけて、より魅力的な人間になれる。これが、心理学が導き出した答えの一つです。人は一生、成長する！

KADOKAWAの新書 好評既刊

真田一族と幸村の城
山名美和子

真田幸隆、昌幸、そして幸村の真田三代の跡を追い、幸隆が海野氏の血脈を継ぐ者として生を受けてから、幸村が大坂夏の陣で壮絶な最期をとげるまでの、およそ一〇〇年をたどる一冊。

習近平の闘い
中国共産党の転換期
富坂　聰

2013年、習近平は蔓延する官僚腐敗に対し「虎も蝿も罰する」と宣言した。大物（虎）も小物（蝿）も罰する、と。当初冷ややかに見ていた人民は、やがて快哉を叫ぶ。習近平は中国共産党の歴史を変えようとしていた。

ギャンブル依存症
田中紀子

ギャンブル依存症は意志や根性ではどうにもならない、「治療すべき病気」である。この病気が引き金となった事件を知り、私たち日本人は学ばなくてはならない。この国が依存症大国から依存症対策国へと変わるために。

傍若無人なアメリカ経済
アメリカの中央銀行・FRBの正体
中島精也

為替相場はFRBの政策次第。日銀やECBの政策がどうあろうと、FRBが動けば、その方向に為替も動くのが世界経済の仕組みである。日米欧のキーマンたちによる金融覇権争いの姿を克明に再現する。

半市場経済
成長だけでない「共創社会」の時代
内山　節

競争原理の市場経済に関わりながらも、よりよき働き方やよりよき社会をつくろうとする「半市場経済」の営みが広がりはじめている。「志」と「価値観」の共有が働くことの充足感をもたらす共創社会の時代を遠望していく。